Harald Eichelberger
Handbuch zur Montessori-Didaktik

Harald Eichelberger

Handbuch zur Montessori-Didaktik

StudienVerlag
Innsbruck-Wien

© 1997 by Studienverlag Ges.m.b.H., Erlerstraße 10, A-6020 Innsbruck
E-Mail: order@studienverlag.at
Internet: www.studienverlag.at

4. Auflage 2008
Umschlaggestaltung: Studienverlag/Vanessa Sonnewend
Fotografien: Konrad Erhardt

Gedruckt auf umweltfreundlichem, chlor- und säurefrei gebleichtem Papier.

Bibliografische Information Der Deutschen Bibliothek
Die Deutsche Bibliothek verzeichnet diese Publikation in der Deutschen Nationalbibliografie; detaillierte
bibliografische Daten sind im Internet über <http://dnb.ddb.de> abrufbar.

ISBN 978-3-7065-1153-7

Inhalt

Vorwort

Realizing too, that the will can be strength-
ened only by voluntary activity he sees the
importance of liberty in the schoolroom;
and that this freedom „can only come by
self-activity".

E.M. Standing

Maria Montessori nannte ihre Pädagogik oft eine Methode. Diese fußt auf der aufmerksamen Beobachtung von Kindern und deren Entwicklungsbedürfnissen und ist in der gemeinsamen Arbeit mit Kindern entstanden. Maria Montessori hat in ihren Schriften diese Methode immer wieder erklärt und begründet:

Dem Leben helfen

> Wenn wir sprächen von einer „Hilfe für die menschliche Person, ihre Unabhängigkeit zu erobern", von einem „Mittel, sie von der Unter-drückung durch alte Vorurteile über die Erziehung zu befreien", dann würde alles klar sein. Die menschliche Personalität muß in den Blick genommen werden und nicht eine Erziehungsmethode: Die Verteidi-gung des Kindes, die wissenschaftliche Erkenntnis seiner Natur, die Proklamation seiner sozialen Rechte müssen an die Stelle der zerstük-kelten Weisen, die Erziehung zu konzipieren, treten.[1]

Die kindliche Entwicklung und die Arbeit mit dem Kind – das gemeinsame Leben – sind die Orientierungspunkte für die erzieherische Arbeit:

Die kindliche Entwicklung

> Wer kann uns denn die natürlichen Wege, auf denen sich das natürliche Wachstum des menschlichen Individuums vollzieht, offenbaren, wenn nicht das Kind selbst, sofern es in Verhältnisse gebracht wird, die es ihm möglich machen, sich zu offenbaren? Unser erster Lehrmeister wird also das Kind selbst sein oder, besser noch: der Lebensdrang mit den kosmischen Gesetzen, die es unbewußt leiten. Es ist nicht sosehr das, was wir „den Willen des Kindes" nennen, als der geheimnisvolle Wille, der seine Bildung leitet.[2]

Das Handbuch zur Montessori-Didaktik soll gleichsam die Beschreibung ei-nes möglichen und gangbaren Weges sein, wenn Pädagogen[3] diese Orientie-rungspunkte anstreben wollen. Es soll – um im Bild des Weges zu bleiben – die Richtung angeben, Wege beschreiben, den Aufbau der Umgebung verdeutlichen,

Wegbeschreibung

---

1   Maria Montessori, Über die Bildung des Menschen, Freiburg 1996, S. 16
2   Maria Montessori, a.a.O., S. 22
3   Sämtliche Begriffe und Berufsbezeichnungen sind im vorliegenden Text als geschlechtsneutral zu verstehen. Aus Gründen der besseren Lesbarkeit wurde auf eine doppelgeschlechtliche Schreibweise verzichtet. Bei häufig wiederkehrenden Berufsbezeichnungen Wie "Lehrer" bzw. "Lehrerin" wechseln wir zwischen maskuliner und femininer Bezeichnung, um keine einseitige Darstellung zu suggerieren.

zu einem Ziel führen und bei der Beantwortung der Fragen helfen, warum und wozu gerade dieser Weg gewählt worden ist.

Der Begriff „Didaktik" kann im Zusammenhang mit der Montessori-Pädagogik nicht im Sinne strenger Wissenschaftlichkeit gesehen werden, sehr wohl aber zur Klarheit des pädagogischen Denkens und Handelns innerhalb einer Pädagogik der Selbstverwirklichung verhelfen.

Zugang

Maria Montessori und ihre Pädagogik der Selbstbildung

> Mehr noch als andere Geschöpfe ist der Mensch in seinem Wesen in besonderer Weise während seiner Entstehung, während seines Aufbaus erkennbar.
>
> Maria Montessori

Maria Montessori hat vor nun fast 90 Jahren „ihre" Pädagogik zum ersten Mal in dem Buch „Entdeckung des Kindes"[4] veröffentlicht. Die Frage nach der Aktualität dieses pädagogischen Konzeptes ist daher zulässig und wird in der pädagogischen Diskussion auch immer wieder gestellt. Gleichzeitig wird wiederholt die Frage nach den Möglichkeiten einer Integration des pädagogischen Konzeptes Maria Montessoris in aktuelle Lehr- und Bildungspläne aufgeworfen. Doch solche Fragen können niemals allgemeingültig beantwortet werden. Die Fragestellung selbst entsteht meist aus einer konkreten Situationen oder einem spezifischen Interesse an der Materie.

Zur Aktualität der Pädagogik Maria Montessoris

Ich möchte mich nicht mit der Diskussion der möglichen Antworten auf diese Fragen beschäftigen, sondern vielmehr darstellen, welche pädagogischen Werte und Ziele ich in einem Konzept, wie die Montessori-Pädagogik eines darstellt, zu finden hoffe. Auf diesem Wege soll der Versuch unternommen werden, die Frage nach der Aktualität und der Integrationsmöglichkeit konkret zu beantworten. Es sind dies vor allem die Ziele der *Selbstfindung und Selbstverwirklichung*, des *selbständigen und selbstorganisierten Lernens*, die Fähigkeit zum *lebenslangen Lernen*, die Fähigkeit zur *Arbeit im Team* und letztlich auch zum *friedlichen Zusammenleben in einer Gemeinschaft*. Ich gehe von der These aus, daß die Montessori-Pädagogik diese Bildungsziele in einem höheren und besseren Maße erreichen hilft als eine großteils lehrerzentriert orientierte Schulpädagogik. Diese These werde ich nicht „beweisen" können, möchte aber aufzeigen, in welchem didaktischen Konzept die Verwirklichung der Bildungsziele wahrscheinlich erscheint. Ich bin überzeugt, daß sich damit auch die Frage nach der Aktualität der Montessori-Pädagogik beantworten wird.

Didaktik und Bildungsziele

Keine pädagogische Richtung entstand oder entsteht – in ihrem historischen Kontext gesehen – grundlos. Für das Verständnis einer pädagogischen Richtung ist es wichtig, die Genese nachvollziehen zu können. Die Montessori-Pädagogik ist nicht nur durch das Interesse Maria Montessoris an pädagogischen Fragestel-

Vergleich zur lehrerzentrierten Schulpädagogik

---

4   Titel der heutigen deutschsprachigen Ausgabe: Die Entdeckung des Kindes.
     Italienische Ausgabe: Montessori, Maria, Il Metodo della Pedagogia Scientifica Applicato All'educazione infantiele nelle case dei bambini, Città di Castello, 1909, dt. Übers.: Selbsttätige Erziehung im frühen Kindesalter, Stuttgart 1913

lungen entstanden. Die Montessori-Pädagogik ist auch nicht in der Einsamkeit gelehrter Schreibtischarbeit entstanden. An der Entstehung der Montessori-Pädagogik waren immer Kinder beteiligt! Doch vorerst – in den ersten beiden Lebensjahrzehnten – hatte Maria Montessori ganz andere berufliche Pläne:

Schule und Studium

Maria Montessori wurde am 31. August 1870 in Chiaravalle in der italienischen Provinz Ancona geboren. 1875 zog die Familie Montessori nach Rom. In der Schule zeigte Maria Montessori ein ausgeprägtes Interesse an der Mathematik, und sie entschied sich mit der Unterstützung der Mutter, schon mit 12 Jahren eine technische Schule zu besuchen. Ihr Lieblingsfach war auch weiterhin die Mathematik; sie plante, Ingenieur zu werden – für ein Mädchen in der damaligen Zeit eine höchst ungewöhnliche Wahl. Letztlich entschied sie sich jedoch im Alter von neunzehn Jahren, Medizin zu studieren.

Entstehung der Methode

Das Studium der Kinderheilkunde in den letzten beiden Studienjahren und wiederholte Hospitationen in psychiatrischen Kliniken wiesen ihr den Weg zu weiteren Studien und verstärkten ihr Interesse für geistig behinderte Kinder. Während dieser Studien vertiefte sie sich in die Schriften Jean Gaspard Itards und Eduard Séguins, die sich beide mit der Erziehung von geistig behinderten Kindern wissenschaftlich befaßt hatten. Fast dreißigjährig schrieb sie sich wieder als Hörerin an der Universität ein, besuchte Pädagogik-Vorlesungen und studierte die Hauptwerke der damaligen Erziehungswissenschaft, vornehmlich von Pereira, Rousseau, Pestalozzi, Fröbel u.a.m. Nach der Errichtung einer Lehrklinik mit angeschlossener Modellschule folgten weitere Studien der Philosophie und 1904 auch die Übernahme einer Lehrtätigkeit an der Universität in Rom. 1907 bekam Maria Montessori Gelegenheit, mit gesunden Kindern zu arbeiten. Diese Arbeit wurde die Basis zur Entwicklung ihrer Methode.

Maria Montessori über „ihre" Methode

Der Erfolg der Pädagogik Maria Montessoris kann zum Teil darauf zurückgeführt werden, daß dieses pädagogische Konzept gemeinsam mit und während der Arbeit mit Kindern entwickelt worden ist, und daß es auch die Kinder waren, die Maria Montessori diese „Methode" gelehrt hatten:

> Es sei wiederholt: Ich habe nicht zuerst die Grundsätze aufgestellt und nach ihnen dann meine Erziehungsmethode eingerichtet. Gerade das Gegenteil war der Fall. Nur die unmittelbare Beobachtung an den Kindern, denen Freiheit gewährt wurde, hat mir bestimmte Gesetze ihres inneren Lebens offenbart, von denen ich später entdeckte, daß sie allgemeine Gültigkeit haben. Die Kinder waren es, die aus eigenem Antrieb den Weg, der zur Kraft führt, gesucht und mit sicherem Instinkt herausgefunden haben.[5]

In einer eher anekdotischen Darstellung könnte die Entwicklung der Montessori-Pädagogik von folgendem Ereignis ihren Ausgang genommen haben:

Erstes Kinderhaus

Im Elendsviertel von San Lorenzo hatte eine Baugesellschaft im Rahmen einer Stadtsanierung Miethäuser als Kapitalanlage errichtet. Als Mieter zogen Ehepaare in diese Miethäuser ein, bei denen meist beide Partner einer Arbeit nachgingen. Dadurch tauchte das Problem auf, daß in jedem Gebäudekomplex (58 mit insgesamt 1600 Wohnungen!) ungefähr 50 Kinder tagsüber umherstreunten und u.a. auch Schaden anrichteten. Die Baugesellschaft kam auf die Idee, daß es billiger sei, die Kinder jedes Miethauses an einem Ort zu versammeln und von einer

---

5   Maria Montessori, Das Kind in der Familie und andere Vorträge, Wien, o.J., S. 84

10

Frau beaufsichtigen zu lassen. Einer der Direktoren der Baugesellschaft wandte sich deshalb an Maria Montessori, um sich beraten zu lassen. Sie aber wollte die Organisation und die Leitung der Kindergruppen selbst übernehmen.[6] Hiermit bot sich für sie die Gelegenheit, ihre Erziehungsideen mit gesunden Kindern auszuprobieren. Am 6. Januar 1907 wurde das erste „Kinderhaus" eröffnet. Maria Montessori brachte einen Teil des Lehrmaterials, das sie in der Scuola Ortofrenica nach den Studien J.G. Itards und E. Séguins und der großen Pädagogen entwickelt und eingesetzt hatte, mit. Es gab ein wenig gespendetes Spielzeug, Papier und Farben. Sie beobachtete die Kinder intensiv und entwickelte gemeinsam mit den Kindern ihre Methode. Auf der Grundlage dieser Beobachtungen und den Entdeckungen der *„Gesetze des inneren Lebens"* – wie sie es nannte – leitete Maria Montessori die Grundlagen ihrer Pädagogik ab. Auf welchem Denk- und Arbeitsansatz ihre Arbeit in dieser Zeit beruhte, beschreibt sie 1948 in ihrem Werk „Selbsttätige Erziehung im frühen Kindesalter":

Erstes „Kinderhaus"

> Und so fand ich allmählich meinen Weg zu neuen Zielen, die sich auf dem Gebiete der Psychiatrie zeigten. Ich begriff, was andere nicht begriffen, nämlich daß die wissenschaftliche Erziehung nicht auf dem Studium und den Meßergebnissen der zu erziehenden Menschen beruht, sondern eine fortlaufende Behandlung voraussetzt, die ihn verändern kann.[7]

Im Zentrum ihres frühen Forschungsinteresses stand das wissenschaftliche Studium der Aufmerksamkeit, gefaßt unter der Bezeichnung *„psychische Reaktionen"* sowie die experimentelle Untersuchung der Anregungsbedingungen. Für diesen Untersuchungsansatz griff Maria Montessori zwar auf die einschlägigen Forschungsarbeiten von Itard und Séguin zurück, sie bezog jedoch noch einen weiteren Faktor mit ein: das Studium der Entwicklung des Kindes, und zwar nicht als Voraussetzung erster kinderpsychologischer Erkenntnisse, sondern als „Beobachtung kindlicher Selbstäußerungen unter Gewährung von Entwicklungsfreiheit in konkret gestalteten pädagogisch-didaktischen Situationen."[8]

Maria Montessoris Forschungsinteresse

Die Gestaltung des römischen Kinderhauses (nach 1907) stellte bereits die Anwendung dieses Konzeptes dar und brachte eine Entdeckung, die zum Kristallisationspunkt der weiteren experimentalpsychologischen Forschung und der gesamten Montessori-Pädagogik wurde: *die Polarisation der Aufmerksamkeit.* Sie beschreibt die Wichtigkeit dieses Phänomens innerhalb ihres pädagogischen Konzeptes und ihrer Forschungen. „Die Organisation des psychischen Lebens beginnt mit einem charakteristischen Phänomen der Aufmerksamkeit."[9] Diese psychische Entwicklung „organisiert sich mit Hilfe äußerer Anregungen, die durch Versuche festgestellt werden müssen."[10]

Polarisation der Aufmerksamkeit

Maria Montessori nennt ihre experimentelle Arbeit mit drei- bis sechsjährigen Kindern an derselben Stelle „einen praktischen Beitrag zur Erforschung der

Sensibles Alter – sensible Perioden

6   Vgl. Rita Kramer, Maria Montessori, München 1983

7   Maria Montessori, Die Entdeckung des Kindes, Freiburg 1966 (früher: Selbsttätige Erziehung im frühen Kindesalter, Stuttgart 1913), S. 36

8   Nach Hildegard Holtstiege, Maria Montessori und die reformpädagogische Bewegung, Freiburg 1986, S. 35

9   Maria Montessori, Schule des Kindes, Freiburg 1976 (früher Montessori-Erziehung für Schulkinder, Stuttgart 1926), S. 69

10 Maria Montessori, Schule des Kindes, Freiburg 1976, S. 71

Pflege, deren die Kinderseele bedarf."[11] Mit der Entdeckung der Polarisation der Aufmerksamkeit hatte Maria Montessori einen Zugang zum kindlichen Selbstbildungsprozeß gefunden. Die weitere Frage richtete sich auf die systematisch herstellbaren Bedingungen für das Zustandekommen dieses Phänomens – die Frage nach der vorbereiteten Umgebung. Während dieser Forschungsarbeiten tauchte auch der Begriff des *sensiblen Alters* auf, der aber im Detail noch nicht auf die Inhalte der später so genannten *sensiblen Perioden* ausgerichtet ist.

Erziehungsziel

Das Ziel aller Erziehungsbemühungen ist für Maria Montessori die aktive Förderung kindlicher Unabhängigkeit und Selbständigkeit durch Selbsttätigkeit.[12] Hildegard Holtstiege zitiert Maria Montessori mit einer Umschreibung dieser Erziehungsabsicht: „Meister seiner selbst zu sein", ein Zustand, der gleichbedeutend ist mit Freiheit.[13] Dieser Prozeß einer intensiven persönlichen Entwicklung, eines intensiven individuellen Lernens bedarf einer für alle Beteiligten einsichtigen und einer akzeptierten pädagogischen Struktur.

Selbstschöpfung und Freiheit

Während sich der „herkömmliche" Erzieher (und Lehrer) als *Schöpfer des kindlichen Geistes* versteht, bedeutet Bildung im Sinne Maria Montessoris *Selbstschöpfung*. Grundbedingung für diesen Prozeß der Selbstschöpfung ist nach Maria Montessori vor allem die Freiheit *für* die eigene individuelle Entwicklung des Kindes innerhalb eines pädagogisch definierten Rahmens, der diesen Prozeß der Selbstschöpfung überhaupt erst möglich macht. Dieser Rahmen wird durch die pädagogischen Grundgedanken Maria Montessoris umschrieben werden können. Ich werde die Grundgedanken Maria Montessoris beschreiben, aber nicht prinzipiell diskutieren und mich nicht am „Streit um die Montessori-Pädagogik" beteiligen.

Selbständigkeit und Selbstverantwortung

Ausgehend von Maria Montessoris These der Ermöglichung eines Selbstbildungsprozesses des Kindes in einer vorbereiteten Umgebung und unter der Annahme der Fähigkeit des *absorbierenden Geistes* liegt die Implikation von Erziehungszielen, wie Selbständigkeit und Selbstverantwortung, nahe. Unter den aktuellen gesellschaftlichen und schulpolitischen Aspekten der Notwendigkeit des *lebenslangen Lernens* und des *selbstorganisierten Lernens* erweist sich somit die Montessori-Pädagogik als eine Pädagogik, der diese Fähigkeiten immanent sind. Dabei muß an dieser Stelle auch betont werden, daß sich diese pädagogische Aktualität nicht nur auf die frühkindliche Entwicklung bezieht, sondern auf die Entwicklung und das Lernen des Menschen in jedem Alter, vor allem aber auf die Entwicklung des jungen Menschen in unseren Schulen. Maria Montessori macht in diesem Zusammenhang deutlich, worauf es in der *Freiarbeit* ankommt: primär auf die Arbeit und auf den Prozeß, der sich im Innern des Lernenden, in seinem Intellekt, in seiner Psyche, vollzieht. Sie verweist in einer auch heute noch gültigen Schulkritik in der Auseinandersetzung mit J.F. Herbart auf die Problematik des „Bewirkens" von Interesse und Aufmerksamkeit:

> Sich künstlich interessant machen, das heißt sich interessant machen für jemand, der kein Interesse an uns hat, das ist eine sehr schwierige Aufgabe. Und stunden- und jahrelang durch Interesse nicht eine, sondern eine Vielzahl von Personen an uns binden, die nichts mit uns gemein

---

11 Maria Montessori, Schule des Kindes, Freiburg 1976, S. 69

12 Hildegard Holtstiege, Modell Montessori, Freiburg 1977, S. 16

13 Maria Montessori, Grundlagen meiner Pädagogik, Heidelberg 1968 (München 1934), S. 23

haben, nicht einmal das Alter: das ist eine übermenschliche Aufgabe. ...
Das (Begreifen und Lernen) ist eine im Innern sich vollziehende Arbeit,
die er (der Lehrer) nicht gebieten kann.[14]

Abbildung 1: Maria Montessori (rechts) – hier bei einem Besuch in Wien im Gespräch mit Lili Peller-Roubiczek (1922)

Maria Montessori hat, wie andere Reformpädagogen auch, radikal „umgedacht". Konsequent stellt sie das Kind in den Mittelpunkt ihrer Pädagogik, das Kind, das es „manchmal besser weiß", mit seinen Interessen, seinen Bedürfnissen und seinem „inneren Bauplan". Und sie verlangt von den Erziehern das Vertrauen zu den Kindern und zu sich selbst, sich von den Kindern leiten zu lassen. Vielleicht liegt darin das Geheimnis der immer wiederkehrenden Renaissance der Montessori-Pädagogik, daß wir uns noch immer wünschen, als Kind in unserem Sosein und in unserer Entwicklung angenommen worden zu sein.

Wenn dein Kind es besser weiß ...

Die Erziehung Maria Montessoris beruht demnach auf der Achtung vor der Persönlichkeit des Kindes und auf dem Bestreben, dessen natürlichen Tätigkeitstrieb frei walten zu lassen, statt ihn zu unterdrücken und beherrschen zu wollen. Doch ist damit nicht gemeint, daß das Kind sich selbst überantwortet bleibt, daß es tun und lassen soll, was ihm gerade einfällt. Das hieße mit Grundsätzen arbeiten, die negative Erfolge ergeben müßten. Wir haben positive Arbeit zu leisten ...[15]

Abschließend noch eine kompetente Stellungnahme zur Aktualität und Zeitgemäßheit der Montessori-Pädagogik. Paul Scheid[16] führte mit dem Sohn der „Dotoressa", Mario Montessori, über die Frage der Aktualität der Montessori-Pädagogik ein Gespräch, in dem wir folgende „Selbsteinschätzung" vorfinden:

Aktualität der Montessori-Pädagogik

---

14 Maria Montessori, Schule des Kindes, Freiburg 1976, S. 50f.

15 Maria Montessori, Grundlagen meiner Pädagogik. Erziehung, Bildungswege und Probleme der Gegenwart, 5. Jg., Heft 8, 1952, S. 10, zitiert aus „Mein Handbuch"

16 Prof. Paul Scheid ist Präsident der Deutschen Montessori- Gesellschaft, die er 1952 gegründet hat, und Direktor des Frankfurter Montessori-Seminars zur Ausbildung von Montessori-Lehrkräften. Das Seminar ist dem Hessischen Institut für Lehrerfortbildung angegliedert.

Die Arbeit meiner Mutter hätte, wie vordem viel Wertvolles, untergehen können, um neuen Erkenntnissen Platz zu machen. Sie hätte dasselbe Schicksal erleiden können wie die traditionellen Erziehungsideale, die ganz oder teilweise in Stücke geschlagen worden sind. Ihre Arbeit hätte ein ganz anderes Gesicht bekommen können durch die zahlreichen Versuche unserer Zeit, der Erziehung eine neue Richtung zu geben. Während meiner Reisen durch viele Länder und Kontinente in den letzten Jahren haben sich alle meine Zweifel gelegt. Die Art, wie ihre Ideen – nicht immer mit der ausdrücklichen Nennung ihres Namens – verwirklicht wurden und werden, hat mich immer wieder erfreut; ich war überrascht, daß für moderne Bildungspläne vieler Länder der Montessori-Gedanke richtungweisend ist. Dasselbe gilt auch für viele neue Entwicklungen auf dem pädagogischen Sektor. Sogar diejenigen, die sich auf die neue Mathematik stützen, erkennen Maria Montessori als Pionier an. [...] Dies alles weist eindeutig darauf hin, daß die Pädagogik Maria Montessoris heute weiter denn je davon entfernt ist, als „überholt" zu gelten, sondern beweist, daß ihre Ideen Eingang gefunden haben in die moderne Erziehung und dort einen festen Platz einnehmen.[17]

---

17 Paul Scheid, Das Frankfurter Modell, in: Paul Scheid und Herbert Weidlich (Hrsg.), Beiträge zur Montessori-Pädagogik 1977, Stuttgart 1977, S. 8; (zitiert ohne genaue Quellenangabe)

Orientierung

Grundgedanken der Montessori-Pädagogik und ihre Bedeutung für ein didaktisches Konzept

> Es ist die gemeinsame Arbeit, die Zuwendung zum Kind und die Liebe zum sich entwickelnden Menschen, die diesem eine möglichst gute Entwicklung seiner Persönlichkeit ermöglichen; ... erst dann kommt die Arbeit mit dem Material!
>
> Maria Montessori

Was ist nun der Inhalt des pädagogischen Konzeptes Maria Montessoris? Wie wird die Selbstbildung des Kindes innerhalb der Schule (und innerhalb der Familie) ermöglicht? Das Verständnis des Begriffes „Didaktik" wird bei Maria Montessori kaum explizit definiert. Sie lehnt sich in ihrer didaktischen Grundorientierung – wie andere Reformpädagogen auch – an das schon zuvor von J.J. Rousseau formulierte Anliegen des Eigenrechtes des Kindes auf freie Entwicklung und eigenständige Zielsetzung an. Hier finden wir Maria Montessori in guter Gesellschaft gegen die „Verbiegung" der Kinder im Namen der Gesellschaft ankämpfen. Diese Position wird auch – in der Tradition Fröbels – im Ausspruch Ellen Keys, die das Jahrhundert des Kindes ausruft, manifest: „Laßt uns die Kinder leben lassen."[18] Die Schule der Zukunft wird nach Ellen Key zwar die allgemeine Bildung fortsetzen, „aber nach einem jedem Individuum angepaßten Plan".[19]

Anliegen der Reformpädagogen

Dabei geht es in pädagogischer Verantwortlichkeit niemals um bloßes Gewährenlassen. Der oft zitierte, zum Leitgedanken der Montessori-Pädagogik gewordene Ausspruch eines Kindes „Hilf mir, es selbst zu tun!" verlangt nach didaktischen Fragestellungen und Antworten. Wir müssen in diesem Zusammenhang von der didaktischen Grundfrage ausgehen: Wie kann ich einem Kind in seiner individuellen Entwicklung und in einer ganz bestimmten Gesellschaft behilflich sein, zu einer optimalen Entwicklung seiner intellektuellen, psychischen und physischen Fähigkeiten und Fertigkeiten unter Berücksichtigung der notwendigen gesellschaftlichen Erfordernisse zu gelangen? Wenn wir die Frage im Kontext der Montessori-Pädagogik sehen, könnte sie auch folgendermaßen gestellt werden: Welcher Weg führt zur Selbstbestimmung des Menschen?

Didaktische Grundfrage

Maria Montessori spricht niemals explizit von Prinzipien ihrer Pädagogik, die uns diesen Weg zeigen können. Sie möchte uns einen Weg zur Durchführung neuer Methoden zeigen – ein wichtiger Unterschied zum Verstehen eines päd-

Ein Weg zur Durchführung neuer Methoden

---

18 Ellen Key, Die Schule der Zukunft (1902), in: Flitner, W., Kudritzki, G. (Hg.), Die Deutsche Reformpädagogik, Düsseldorf 1961, S. 54.

19 Ellen Key, a.a.O., S. 57.

agogischen Konzeptes. Günter Schulz-Benesch spricht von „Grundgedanken", Hildegard Holtstiege gibt eine „Modellbeschreibung". Wir könnten die Begriffe *Freiheit, Sensible Phasen, Vorbereitete Umgebung, Entwicklungsmaterialien, Polarisation der Aufmerksamkeit, absorbierender Geist* ebenso Orientierungspunkte nennen, die es uns ermöglichen, die äußere und innere Ordnung in unserer Arbeit mit den Kindern zu finden, um ihnen auf dem Weg zu Selbstbestimmung zu helfen.

Grundgedanken oder Orientierungspunkte

Dabei möchte ich eindeutig vorausschicken, daß Lernen in Freiheit kein Widerspruch zu einem didaktischen System darstellt. Ich gehe vielmehr von der Voraussetzung aus, daß die Freisetzung des Lernenden zur eigenen Entwicklung eine klare, eindeutige und für den Lernenden deutlich erkennbare Struktur benötigt, um eine Orientierung in und zur Selbstbestimmung finden zu können. Nach der Vorstellung Maria Montessoris finden wir diese Struktur im Aufbau und in der Anordnung der Entwicklungsmaterialien, in der richtigen Darbietung derselben, im respektvollen Umgang mit den Kindern, der Achtung vor ihrem Willen und in der Empathie der Lehrer, sich in den inneren Bauplan des Kindes einzudenken und einzufühlen.

Aufgabe der Erzieher

Lehrer und Erzieher müssen diese hilfreiche Struktur verinnerlicht haben, da sie ansonsten dem Schüler nicht helfen können. Es ist die Aufgabe der Erzieher, den Kindern einen Weg zu zeigen, doch es ist auch ihre Aufgabe, die Entscheidung der Kinder zu akzeptieren, wenn diese ihren eigenen Weg suchen oder einen Weg gehen, den sie selbst gefunden haben. Verantwortungslos ist es, wenn Lehrer keinen Weg kennen oder wenn sie Kinder auf deren eigenem Weg nicht begleiten können.

Wahrscheinlich doch ein interessantes Buch ...

Die Schrift Maria Montessoris, die die konkretesten Hinweise auf eine didaktisch-methodische Arbeit mit den Kindern gibt („Schule des Kindes" Band II) ist leider in einer deutschen Übersetzung bis zum heutigen Tag nicht erschienen.[20] Das ist einerseits bedauerlich, weil ein wesentlicher Teil der Didaktik Maria Montessoris in unserer eigenen Sprache nicht gelesen werden kann, andererseits ergibt sich dadurch die Chance, die Montessori-Pädagogik in einem didaktischen Verständnis, das der heutigen pädagogischen Situation und den pädagogischen Kenntnissen entspricht, zu sehen und neu zu beschreiben.

Zum Sinn der Montessori-Pädagogik

Ein wesentlicher Gesichtspunkt einer Didaktik der Montessori-Pädagogik wird vor allem in einer didaktisch-methodischen Ordnung der Arbeit mit den Kindern zu sehen sein. Diese Ordnung orientiert sich an den Grundgedanken Maria Montessoris und an den Inhalten der didaktischen Werke, die zugänglich sind,[21] vor allem aber am pädagogischen Reichtum der Gedanken Maria Montessoris: Von Bedeutung ist vor allem der tiefe Sinn dieser Pädagogik, in der das Kind im Mittelpunkt steht und die liebevolle Achtung vor ihm, und nicht die Erziehungsideale des Erwachsenen und seine Zielvorgaben.

20 Maria Montessori, L'autoeducazione, Nelle scuole Elementari, Continuazione del Volume II: Metode della Pedagogia scientifica applicato all'educazione infantile nelle Case dei Bambini, Ermanno Loescher, C.. P. Maglione und C. Strini, Editori-Librai Di S. M. La Regina, 1916. Englisch: Montessori, Maria, The Advanced Montessori Method, Volume 1 and Volume 2, Her Program for Educating Elementary School Children, New York 1965

21 Maria Montessori, Psychoarithmetik: die Arithmetik dargestellt unter Berücksichtigung kinderpsychologischer Erfahrungen während 25 Jahren = Psico-aritmética von Maria Montessori. Hrsg. und eingeleitet von Harald Baumann. Deutsche Erstausgabe der span. Orig.-Ausgabe von 1934. Thalwil / Zürich, Teil 1 1989

Die sensiblen Phasen

> Wer wir sind,
> wer wir werden,
> ist bestimmt durch die Menschen,
> die uns lieben.
>
> Baden Powell

Maria Montessori hat die sensiblen Perioden nicht als erste entdeckt, aber während der Arbeit mit ihren Kindern immer wieder beobachtet. Die eigentliche Entdeckung geht auf den Holländer Hugo de Vries zurück, und Montessori faßt die Entdeckungen von de Vries in folgender Definition zusammen:

> Es handelt sich um besondere Empfänglichkeiten, die in der Entwicklung, das heißt im Kindesalter des Lebewesens, auftreten. Sie sind von vorübergehender Dauer und dienen nur dazu, dem Wesen den Erwerb einer bestimmten Fähigkeit zu ermöglichen. Sobald dies geschehen ist, klingt die betreffende Empfänglichkeit wieder ab.[22]

Es scheint Maria Montessoris Verdienst zu sein, aufgrund der soeben erwähnten gezielten und gründlichen Beobachtungen elementare Sensibilitäten, die fundamentale Bedeutung für die Selbst-Konstruktion des Menschen in seinem Bildungs- und Selbstwerdungsprozeß haben, entdeckt zu haben. An dieser Stelle sei darauf hingewiesen, daß Maria Montessori ihre Entwicklungsmaterialien in Abstimmung auf die Sensibilitäten der jeweiligen Entwicklungsphasen des Kindes geschaffen hat, und das Ziel, auf das alle didaktischen Bemühungen gerichtet sind, besteht in der Intention, dem Kind zu helfen, sich durch Selbständigkeit und Selbsttätigkeit zur freien Persönlichkeit zu entwickeln. Dieses Ziel läßt sich auch wie folgt formulieren: das Kind als geistiges Wesen fähig machen, seinen Weg ganz allein zu finden. Das genannte Ziel soll unter Berücksichtigung oder in Anlehnung an die jeweiligen Empfänglichkeitsperioden durch viele kleine didaktische Teilziele erreicht werden. „Wir wollen den Selbstaufbau des Menschen in der dazu geeigneten Periode unterstützen."[23]

Ziel: Selbstaufbau des Menschen

Die erzieherische Arbeit vollzieht sich konkret durch die Förderung von phasenspezifischen Sensibilitäten, das heißt durch die Begegnung des Kindes mit den ihm angebotenen didaktischen Inhalten. Im Idealfall erreicht das Kind dann in seiner Arbeit mit dem Material den Zustand der Polarisation der Aufmerksamkeit. In diesem Zustand spielt sich nach Maria Montessoris Annahme der eigentliche Reife- und Entwicklungsprozeß der Kinder ab. Der Vorgang der Polarisation[24] der Aufmerksamkeit ist ein genuiner und komplexer Bildungsprozeß, in dessen Verlauf sich das Kind mit allen seinen Sinnen und seiner Innerlichkeit so auf eine Tätigkeit konzentriert, daß es gleichsam einen Zustand des „In-sich-Versunkenseins" erreicht. Das Zustandekommen und die optimalen Wirkungen dieses Vorgangs sind an das exakte Zusammentreffen von Sensibilitäten und einer ihnen entsprechenden Anregungsumwelt gebunden. In der Diskussion der Entwick-

Erzieherische Arbeit

---

22 Maria Montessori, Kinder sind anders, Stuttgart 1967 (1952), S. 61
23 Maria Montessori, Das kreative Kind, Freiburg 1975, S. 193
24 Wir würden heute eher die Begriffe „Fokussierung" oder „Zentrierung" verwenden.

lungsperioden des Kindes geht Maria Montessori immer wieder auf die altersspe-
zifischen Sensibilitäten ein. Hier kann nur ein kurzer Überblick gegeben werden.

Typische Sensibilitäten für die Zeit von 0-3 Jahren sieht Maria Montessori in drei spezifischen Empfänglichkeiten

- der Bewegung,
- der Ordnung und
- der Sprache.

Bewegung

Die sensitiven Kräfte

Die Sensibilität für Bewegung läßt sich charakterisieren durch die Entwicklung der Hand, des Gleichgewichts und des Laufens. Die Bewegungsfähigkeit des Kindes entwickelt sich nicht nur auf der physischen, sondern gleichzeitig immer auch auf der sinnlichen und psychischen Ebene.

Maria Montessori verweist mit Nachdruck darauf, daß die Entwicklung des Kindes davon abhängt, inwiefern das Kind in der Lage ist, Eindrücke zu sammeln und klar geordnet zu behalten. Nach Maria Montessoris Vorstellungen baut das Ich die eigene Intelligenz mittels der sensitiven Kräfte auf, die seine Energie – und damit auch seine Bewegungen – leiten. Wir können nun die Bewegungen des Kindes auch als Ausdruck seiner seelischen Kundgebungen sehen. Zum anderen wird die psychische und intellektuelle Entwicklung und Befindlichkeit jedes Menschen in einem hohen Maß von seinen Bewegungen (Entdeckungen, Begreifen, Arbeit, ...) geformt und beeinflußt. So wird verständlich, daß die Bewegungen des Kindes seine Entwicklung entscheidend beeinflussen und vice versa die jeweils aktuelle Entwicklung die Bewegungen des Kindes formt.

Ordnung

Ordnung als Sensibilität

Eine der wichtigsten und geheimnisvollsten sensiblen Perioden ist jene, die das Kind überaus empfänglich macht für Ordnung. Die kindliche Empfänglichkeit für Ordnung muß unterschieden werden vom Erwachsenenverständnis für Ordnung, das sich auf Äußerlichkeiten bezieht.

Maria Montessori deutet die Sensibilität für Ordnung unter zwei Aspekten. Einmal erzeugt das Bedürfnis z.B. nach einer überschaubar und fest geordneten Umgebung „einen Anreiz, eine Aufforderung zum Handeln"[25], sobald in dieser dem Kind bekannten Umgebung etwas nicht stimmt, also nicht in Ordnung ist[26]. Zum anderen hat das Bedürfnis nach Ordnung Orientierungsfunktion innerhalb des Chaos angehäufter Bildeindrücke durch die Tätigkeit des absorbierenden Geistes. Die Sensibilität für Ordnung tritt also im Kinde gleichzeitig unter zwei Gesichtspunkten in Erscheinung:

Ordnung und Orientierung

Als Sinn für eine äußere Ordnung, die Beziehungen zwischen den Bestandteilen der Umwelt betrifft und als Sinn für die innere Ordnung, die man auch den inneren Orientierungssinn nennen könnte.

---

25 Maria Montessori, Das kreative Kind, Freiburg 1975, S. 82

26 Maria Montessori erzählt in diesem Zusammenhang die Geschichte des kleinen Kindes, dessen
    Mutter den Mantel ausgezogen hatte – eine Veränderung, die das Kind zutiefst beunruhigte.
    Vergleiche: Maria Montessori, Kinder sind anders, Stuttgart 1967

Die Entwicklung dieses Orientierungssinnes stellt eine wichtige Voraussetzung zur Integration der werdenden Persönlichkeit des Kindes dar. Er ermöglicht auch das Innewerden und die Lokalisierung der körperlichen Funktionen, die beim Entstehen der Körperbewegungen zusammenwirken.

Sprache

Während die Sensibilität für Bewegung mit der Entwicklung des Gesichtssinnes korrespondiert, steht die Sensibilität für Sprache in besonders engem Zusammenhang mit dem Gehörsinn.[27] In der ersten Periode absorbiert das Kind die Sprache durch die unbewußte Intelligenz. In dieser Phase ist nicht nur das Aufnehmen der gesprochenen Sprache durch den Gehörsinn von Bedeutung, sondern auch die visuelle Beobachtung des Sprechenden durch das Kind.

Unbewußte Intelligenz

In der zweiten Periode von 3-6 Jahren dominieren nach Montessori zwei Neigungen (Sensibilitäten)

Altersspezifische Sensibilitäten

- das eigene Bewußtsein durch Aktivität an und in der Umgebung zu entwickeln und
- die Errungenschaften (z.B. im Bereich von Bewegung, Ordnung, Sprache) im Zusammenhang mit der Sinnesentwicklung zu vervollkommnen und anzureichern.

Der Unterschied der beiden Perioden wird für Montessori erkennbar an dem Übergang „vom unbewußten Schöpfer zum bewußten Arbeiter".[28]

Die Arbeit der Kinder in dieser Periode an sich selbst wird in den folgenden Kapiteln dieses Buches eingehend beschrieben.

Die dritte Lebensperiode im Alter von 7-12 Jahren läßt nach Montessori drei Bedürfnisse im Sinne von Sensibilitäten oder Empfänglichkeiten erkennen

- Das Bedürfnis des Kindes, aus seinem engen Bereich herauszukommen, seinen Aktionsbereich zu erweitern; Maria Montessori weist hier besonders auf die Entwicklung der sozialen Beziehungen hin.
- Den Übergang des kindlichen Geistes zur Abstraktion: Die Zeit von 7-12 Jahren ist eine Art sensible Periode der Vorstellungskraft, „den Keim für die Wissenschaften zu legen".[29]
- Die Entstehung eines moralischen Bewußtseins, das eng mit der Entwicklung des sozialen Bewußtseins verknüpft ist. Im Mittelpunkt steht eine innere Sensibilität: das Gewissen. Die Vorstellungskraft als Grundlage des Geistes braucht Stützen, muß aufgebaut und organisiert werden. Zurückgreifend auf Johann Amos Comenius formuliert Montessori eine pädagogisch-didaktische Konsequenz, die wir auch als Leitsatz einer kosmischen Erziehung darstellen können: „Das Ganze geben, indem man das Detail als Mittel gibt."[30]

Gewissensbildung

---

27 Vgl. Hildegard Holtstiege, Modell Montessori, Freiburg 1977, S. 76
28 Maria Montessori, Das kreative Kind, Freiburg 1972, S. 148
29 Maria Montessori, Von der Kindheit zur Jugend, Freiburg 1973
30 Maria Montessori, a.a.O., S. 49

Maria Montessori geht es vor allem darum, die Vorstellungskraft des Kindes anzuregen, sodaß die Kinder selbst „ihre Antworten" finden können. Dazu möchte sie ihnen Exempla geben, von denen die Kinder die Ganzheit erschließen können.

Das Geben des Details, aus dem das Ganze erschlossen werden kann, wird zu einem pädagogisch-didaktischen Prinzip im sogenannten Grundschulalter. Das Studium der Realität auf dem Weg über die Meditation des Details enthält ein umfassenderes Erziehungsziel, das über das unmittelbar intendierte didaktische Ziel hinausreicht: in einem Individuum die Personalität mit Hilfe eines Teiles der Natur zu vertiefen.[31]

Freiheit und Unabhängigkeit in der Erziehung

Diesen Vorgang nennt Maria Montessori immer wieder im Zusammenhang mit der Forderung nach Selbsttätigkeit. (Vgl. vor allem Kapitel „Kosmische Erziehung", Seite 112).

So gewinnt das Kind durch eigene Erfahrungen und Möglichkeiten eigener Aktivitäten genaue Antworten.

> Die Rolle der Erziehung besteht darin, das Kind tief zu interessieren an einer äußeren Aktivität, an die es sich mit all seinen Fähigkeiten hingibt. Es handelt sich darum, ihm Freiheit und Unabhängigkeit zu geben, indem man es für eine Wirklichkeit interessiert, die es dann durch seine Aktivität entdeckt. Das ist für das Kind das Mittel, sich vom Erwachsenen zu befreien.[32]

Der Weg zur Vertiefung der Personalität führt über das Interesse an der Wirklichkeit, die vom Kind selbst entdeckt werden kann. Die selbst entdeckten Antworten machen das Kind frei von den Auskünften Erwachsener. Das genaue Kennenlernen der Realität wird andererseits aber auch Fragen im Kind auslösen, mit denen es sich von sich aus an den Erzieher wenden kann. Auf diese Weise entstehen echte, durch die Realität ausgelöste Gespräche, die methodische Künstlichkeiten erübrigen.

Sensibilitäten und Schule

Obwohl die sensiblen Perioden des Kindes schon lange bekannt sind, wird in der Schule, in der Vorschule und auch im Kindergarten noch immer viel zu wenig darauf Rücksicht genommen. Ihre pädagogische Bedeutung hängt eng mit dem von Maria Montessori geprägten Begriff des absorbierenden Geistes zusammen. Ihr berühmt gewordener Ausspruch „Kinder sind anders!" kann in diesem Zusammenhang so erklärt werden: Erwachsene nehmen ihr Wissen mit Hilfe der Intelligenz auf, das Kind absorbiert es mit seinem psychischen Leben. Gerade darin äußert sich das qualitative Anderssein der frühkindlichen Intelligenz und ihrer Aktivitäten. Das Schicksal der beschriebenen Sensibilitäten hängt weitgehend davon ab, welche Erfahrungen dem Kind in der Umwelt ermöglicht und aktiv angeboten werden. Genau zu diesem Zweck schuf Maria Montessori ihr Entwicklungsmaterial und die vorbereitete Umgebung. Bei der Einrichtung von Montessori-Klassen oder Montessori-Gruppen ist auf die didaktische Anordnung des Entwicklungsmaterials in einer vorbereiteten Umgebung zu achten. Die vorbereitete Umgebung hat den Sensibilitäten der Kinder angepaßt zu sein. Darüber hinaus genügt es nicht, wenn die Umgebung nur vorbereitet ist, sie muß auch eine entspannte Umgebung sein.

---

31 Maria Montessori, a.a.O., S. 45
32 Maria Montessori, a.a.O., S. 37

Freiarbeit

> Schränkte ... das Lernen sich auf ein bloßes Empfangen ein, so wäre die Wirkung nicht viel besser, als wenn wir Sätze auf das Wasser schrieben; denn nicht das Empfangen, sondern die Selbsttätigkeit des Ergreifens und die Kraft, sie wieder zu gebrauchen, macht erst eine Erkenntnis zu unserem Eigentum.[33]
>
> G.W.F. Hegel

Eine sogenannte *Freiarbeit* ist nicht allein bei Maria Montessori zu finden. Heute können wir festhalten, daß die Freiarbeit allgemein ein Erbe der Reformpädagogik ist, deren Hauptanliegen eine Pädagogik „vom Kinde aus" war. Aus der Kritik am bestehenden öffentlichen Schulwesen entstanden zu Beginn dieses Jahrhunderts gleichzeitig mit der Montessori-Pädagogik Konzepte, die in bewußter Abgrenzung zum traditionellen Frontalunterricht eine neue, am Kind und seiner Entwicklungslage orientierte Lernwelt und Unterrichtsatmosphäre schaffen wollten. Herausragende Prinzipien dieser Konzepte waren die *freie Wahl der Arbeit* (des Lerngegenstandes), die *Selbständigkeit und Selbsttätigkeit des Kindes* und die *Anbindung des Lernens an Erleben und Erfahrungen der Schüler* innerhalb einer *didaktisch aufbereiteten Umgebung* – bei Maria Montessori „vorbereitete Umgebung".

Freie Wahl der Arbeit – Freiheit zur Selbständigkeit und Selbsttätigkeit

Im Zentrum einer „natürlichen" Auffassungskraft des Kindes steht bei Maria Montessori der sogenannte „absorbierende" Geist, eine individuelle geistige Kraft, die es dem Kind ermöglicht, aus der Umwelt die für die Entwicklung des Kindes wesentlichen und den sensiblen Phasen entsprechenden Impulse aufzunehmen, gleichsam aufzusaugen, und sich dadurch *selbst zu bilden*. Gemäß der Folge von sensiblen Perioden (Vgl. Kap. „Sensible Perioden") d.h. von Entwicklungsphasen besonderer Empfänglichkeit für bestimmte Umweltreize (z.B. Sprache, gegenständliche Ordnungen, Problemzusammenhänge, soziale und emotionale Beziehungen) wird es dem Kind in einer entsprechend vorbereiteten Umgebung möglich, seine individuellen Begabungen in einem hohen Maß aus eigener Kraft auszubilden. Das Kind kann also durch eigene spontane, selbstgelenkte Betätigung zur Selbständigkeit gelangen, wird aber in der Regel zahlreiche Darbietungen der Lehrer und entsprechende Hilfe brauchen, es selbst zu tun. Konkret kann das Kind in einer vom Lehrer mit Anregungs- und Entwicklungsmaterialien räumlich und sachlich vorbereiteten Umgebung jenes Entwicklungsmaterial, für das es zu einem Zeitpunkt besonderes Interesse zeigt, frei auswählen, damit lernend arbeiten (oder arbeitend lernen) und dabei auch sein individuelles Lerntempo selbst bestimmen. Die Aufgabe des Lehrers in der Montessori-Pädagogik ist demzufolge, die Umgebung didaktisch vorzubereiten, das Kind in den Umgang

Bedingungen des individuellen Lernens und Lebens

---

33 Hegel, G.W.F., „Gymnasialreden", in: Werke in 20 Bänden, 4. Bd., Nürnberger und Heidelberger Schriften, 1808-1817, Theorie-Werkausgabe, Frankfurt a.M. 1970, S. 332

mit den Entwicklungsmaterialien einzuweisen und es bei seiner Arbeit zu beobachten, um gegebenenfalls auch helfend eingreifen zu können.[34]

Bedingungen des (Selbst)bildungsprozesses

Einer nach den Prinzipien der Montessori-Pädagogik gestalteten Freiarbeit liegt ein vornehmlich anthropologisch orientierter Freiheitsbegriff zugrunde. Für Maria Montessori ist Freiheit ein wesentlicher Teil der geistig-schöpferischen Grundverfassung des Menschen. Ebenso ist für sie Freiheit eine der unabdingbaren Bedingungen und gleichzeitig auch Ziel eines „Sich-Erringens" im menschlichen Bildungsprozeß.

> Wenn man in der Erziehung von der Freiheit des Kindes spricht, vergißt man oft, daß Freiheit nicht mit Sich-Überlassen-Sein gleichbedeutend ist. Das Kind einfach freilassen, damit es tut, was es will, heißt nicht es frei machen. Die Freiheit ist immer eine große, positive Errungenschaft; man kann sie nicht leicht erlangen. Man gewinnt sie nicht einfach dadurch, daß man Tyrannei beseitigt, Ketten zerbricht. Freiheit ist Aufbau; man muß sie aufrichten, sowohl in der Umwelt wie in sich selbst. Hierin besteht unsere eigentliche Aufgabe, die einzige Hilfe, die wir dem Kind reichen können.[35]

Begriff der „Freiheit"

In diesem Prozeß des Gebens und Helfens steckt auch der Sinn der *Freiarbeit* in einer Montessori-Klasse. Frei sein bedeutet nach Maria Montessori vor allem die Freiheit für die eigene individuelle Entwicklung des Kindes und auch für die Lehrerin oder den Lehrer. Dieser Prozeß einer intensiven persönlichen Entwicklung, eines intensiven individuellen Lernens, bedarf einer für alle Beteiligten einsichtigen und annehmbaren pädagogischen Struktur. Das Ziel aller Erziehungsbemühungen ist für Maria Montessori die aktive Förderung kindlicher Selbständigkeit in deren Entwicklung durch Gewährung von Freiheit und durch Selbsttätigkeit.[36]

Zur Arbeit der Lehrer mit den Kindern

> Die Lehrerin ist vorwiegend Helferin: Sie unterstützt die Kinder auf ihrem Weg zur Persönlichkeitsentwicklung. Die richtige Darbietung des Materials ist eine ihrer wichtigsten Aufgaben. Sie beobachtet, greift aber möglichst nicht in die eigenständige Arbeit des Kindes ein.
>
> Maria Montessori

Die didaktische Verwantwortung

Die Methode Maria Montessoris findet eine ihrer Begründungen in dem Vorhandensein psychischer Antriebe, (siehe auch die Kapitel „Sensible Phasen", Seite 17, und „absorbierender Geist", Seite 35) die die Intelligenz des Kindes zur Tätigkeit

---

34 Vgl. G. Rüdiger, Die Montessori-Pädagogik – Grundlagen, Realisierung und wissenschaftliche Diskussion heute. Zum Teil veröffentlichte Arbeit der Universität Regensburg, Regensburg 1985

35 Maria Montessori, Die Selbsterziehung des Kindes, Berlin 1923, S. 9

36 Hildegard Holtstiege, Modell Montessori, Freiburg 1977, S. 16

anregen; dennoch wäre es falsch, diesen Antrieben eine allumfassende Wirkung zuzuschreiben. Ein großer Teil der Effekte dieser Antriebe hängt vom Lehrer ab; durch ihre Art und Weise der Darbietung der Entwicklungsmaterialien und anderer Materialien dem Kind gegenüber werden sich diese als wirkungsvolle Anregungen für das Kind erweisen. Wesentlich und der Montessori-Pädagogik entsprechend in der Arbeit mit den Kindern ist der Prozeß, daß Kinder für ihre Entwicklung immer mehr die Verantwortung übernehmen werden. Gelingt es der Lehrerin, innerhalb ihrer Möglichkeiten, eine wirksame und das Material ganz ausschöpfende Art der Vermittlung zu finden, so kommt ihrer Darbietung eine ebenso große Bedeutung zu wie dem Material selbst.

Jedes didaktische Material ist ein Teil innerhalb einer didaktischen Ordnung (siehe die Kapitel über Sprache und Mathematik auf den Seiten 99 und 127) und eines klaren didaktischen Aufbaus. Kennt die Lehrerin die mit dem Material zu vermittelnden Inhalte nicht oder nur unzureichend, so besteht die Gefahr, daß auch die Darbietung und die selbständige Arbeit des Kindes nur Stückwerk bleiben. Die Kenntnis des didaktischen Stellenwertes der Materialien durch die Lehrerin ist unabdingbare Voraussetzung, daß die Lehrerin bei der gemeinsamen Arbeit sich an dem Wissen, an den Kenntnissen, Fähigkeiten und Fertigkeiten des Kindes orientieren kann. Sie muß in der Situation der gemeinsamen Arbeit (der Darbietung) die Fähigkeiten des Kindes an der in den Materialien vorhandenen didaktischen Struktur entwickeln helfen. Dazu ist es ebenso unbedingt notwendig, daß sie die Materialien auch richtig darbieten kann, um dem Kind die selbständige Arbeit in einer dem Kind und dem Inhalt entsprechenden Form zu ermöglichen.

Die Notwendigkeit der richtigen Darbietung

Die Darbietungen durch den Lehrer werden zahlreich sein, denn es ist einleuchtend, daß das Kind nicht von selbst den Gebrauch der Materialien erraten kann; verständlicherweise muß der Lehrer dem Kind erst zeigen, wie die Materialien zu gebrauchen sind – sie orientiert sich dabei an der didaktischen Grundlage der Materialien, dem Können des Kindes und der methodisch richtigen Darbietung. Dies ist um so wichtiger, wenn wir das Erziehungskonzept Maria Montessoris als Anregung zur „Selbsterziehung" auffassen.[37] Ist das Kind erst einmal geistig aktiv geworden, wird es sich durch ständiges Wiederholen der Übungen selbst vervollkommnen. Die Arbeit, die es auf diese Weise ausführt, ist seine ureigene; der Lehrer erscheint dabei als Außenstehender, dessen einzige Aufgabe es war, den ersten Antrieb in der beschriebenen pädagogisch verantwortungsvollen Weise zu geben.[38]

Das Konzept der Selbsterziehung

Das Kind findet in allen Gegenständen, die es umgeben, einen Lehrer; die Lehrerin jedoch kann dem Kind, indem sie es in eine direkte Beziehung zu seiner Umgebung setzt, helfen, einen für es sinnvollen pädagogischen Weg zu gehen und versuchen, eine Art selbstbildende Übung wachzurufen.

Eine für diese Arbeit entscheidende Fähigkeit der Lehrerin besteht darin, jene Stadien der Konzentration zu erkennen, die Maria Montessori als *Polarisation der Aufmerksamkeit* bezeichnet hat. Wann immer das Kind in der Aufmerksamkeit für seine große Arbeit völlig aufgeht, muß diese Aufmerksamkeit von der Lehrerin respektiert werden. Sie darf weder durch Korrektur noch durch Ermunterung oder Fragen eingreifen, das heißt, das Prinzip, sich nicht einzumischen, muß ab-

Normalisation

---

37 Vgl. The Call of Education 2, Ohne Ortsangabe 1925
38 Vgl. The Call of Education 2, Ohne Ortsangabe 1925

solute Beachtung finden. Durch die konzentrierte Arbeit zeigt uns das Kind, daß es sich in einem geistigen und seelischen Zustand befindet, der sich günstig auf seine Entwicklung auswirkt. Hier liegt auch der gleichsam therapeutische Aspekt der Montessori-Pädagogik, wenn es dem Kind gelingt, in einem Zustand innerer Ruhe an einem Lernangebot aus seiner Umwelt seine Fähigkeiten zu entwickeln und seine innere Ordnung zu finden. Findet ein Kind nicht zu dieser konzentrierten Arbeit (und dies kann sicher in der Entwicklung mancher Kinder lange dauern), dann möge die Lehrerin eingreifen und dem Kind durch die Ordnung seiner Umgebung, durch die gemeinsame Arbeit, durch ihre Zuwendung und durch ihre Darbietungen immer wieder seine Entwicklung zur Selbständigkeit durch Selbsttätigkeit ermöglichen.

Maria Montessori über den Lehrer

Er [der Lehrer] muß das Kind, das arbeitet, respektieren, ohne es zu unterbrechen. Er muß das Kind, das Fehler macht, respektieren, ohne es zu korrigieren. Er muß das Kind respektieren, das sich ausruht und das die Arbeit anderer betrachtet, ohne es zu stören und ohne es zur Arbeit zu zwingen. Er muß aber unermüdlich sein, immer wieder denen Gegenstände anzubieten, die sie schon einmal abgelehnt haben und Fehler machen. Und dies, indem er seine Umgebung mit seinem Sorgen belebt, mit seinem bedachten Schweigen, mit seinem sanften Wort; mit der Gegenwart jemandes, der liebt.[39]

Über das Beobachten[40]

Hier liegt die wichtige Aufgabe von Eltern, Erziehern und der gesamten Mitwelt, das Kind in seiner Persönlichkeit und mit seinen Bedürfnissen zu beobachten und ernst zu nehmen.

Maria Montessori

Eine der wesentlichen Aufgaben der Lehrerin in der Freiarbeit – neben der Hilfestellung – ist das Beobachten der Kinder. Maria Montessori meinte einmal in einem ihrer unzähligen Vorträge:

Es könnte scheinen, daß zu beobachten sehr einfach ist und keiner Erklärung bedarf, vielleicht denken sie, es genügt, in einem Gruppenraum zu sein und zu sehen, was dort geschieht. Aber zu beobachten ist nicht so einfach.[41]

Ein schwieriger Rollenwechsel für die Lehrerin

Aus eigener Erfahrung weiß ich, wie wichtig es ist, daß der Beobachter im Raum „untertaucht", d.h.: Er sucht sich einen Platz, von dem aus annähernd die ganze Gruppe überblickt werden kann, um zu sehen, was die Kinder unabhängig von seiner Anwesenheit tun. Außerdem soll beim Beobachten kein Kontakt von der Lehrerinnenseite zu den Kindern hergestellt werden, sei es durch Lob, Tadel

---

39 Internationaler Montessori-Kursus, Barcelona 1938
40 Mitarbeit: Karin Hoffinger
41 Maria Montessori, unveröffentlichte Vortragsmitschrift, Kopie im Privatbesitz des Autors

oder Korrektur einer begonnenen Arbeit. Wer selbst schon einmal in dieser Situation war, weiß, wie leicht sich dies eben Geschriebene anhört, und wie schwer es sich letztendlich in der Praxis umsetzen läßt. Es ist für die meisten von uns ein ungeheuer langer Lern- und Umdenkprozeß, der sicherlich nicht von heute auf morgen abgeschlossen werden kann. Wie oft ertappen wir uns dabei, die Arbeit eines Kindes zu kommentieren oder gar in eine Arbeit einzugreifen, weil sich das Kind auf einem für uns falschen oder zumindest uneinsichtigen Weg befindet, oder aber, weil wir nicht mehr mit ansehen können, wie sich das Kind plagt und anstrengt, und wir ihm unbedingt helfen wollen.

Perlenkette

Maria Montessori war sich dieser Schwierigkeiten bewußt und gab einmal einigen Lehrerinnen den Rat, eine Perlenkette zu nehmen und jedesmal, wenn sie den Drang verspürten sich einzumischen, eine Perle auf die andere Seite zu schieben. Gerade für die Lehrerin ist es nicht einfach, ihre Rolle zu tauschen, ja völlig zu verändern. Jahrelang war ein Lehrer „Animator" und der Mittelpunkt des Unterrichtsgeschehens. Und was passiert jetzt: Er muß verkraften, in der Freiarbeit immer weniger gebraucht zu werden und den Kindern die Initiative zu übergeben, denn je weniger die Lehrerin sich während der Freiarbeit in die Aktivitäten der Kinder einmischt, desto besser kann diese vonstatten gehen. Ausgenommen natürlich, ein Kind wendet sich mit der Bitte um Hilfe an den Beobachter. Da gilt es selbstverständlich, dem Kind mit der geeigneten Darbietung am rechten Ort und zur rechten Zeit mit dem Material, das sich das Kind frei gewählt hat, weiterzuhelfen. Hier kann es auch vorkommen, daß die Lehrerin dem Kind ein Material zur Hilfe anbietet, das dem Kind bei der Bewältigung seines Problems besser weiterhelfen kann. Als allgemeine Regel kann festgehalten werden, daß der Lehrer immer für die Kinder in einem hohen Maß präsent sein muß, vor allem, indem er den Kindern zeigt, daß er jederzeit für sie da ist, beobachtet und immer wieder gemeinsame Arbeiten anbietet.

Das Recht des Kindes auf seinen eigenen Lernprozeß

Ganz sicher eine der schönsten Beobachtungen ist es, zu sehen wie ein Kind mit großer Anstrengung die Schwierigkeiten der Aufgabe bewältigt, Fehler findet, ausbessert und so nicht nur zur richtigen Lösung, sondern auch zu neuen und wichtigen inneren Fähigkeiten findet. Hätte sich ein Erwachsener, der das Kind bei seiner Handlung beobachtete, eingemischt, hätte er dem Kind die Gelegenheit genommen, seine Arbeit mit Hilfe seiner eigenen Kraft zu vollenden. Wenn man sich das Gesicht eines Kindes nach getaner Arbeit genau ansieht, wird man den Ausdruck hochgradiger Zufriedenheit und den Stolz auf die eigene Leistung nicht so schnell vergessen. Wie anders wäre die Arbeit verlaufen, wenn ein Erwachsener eingegriffen hätte. Wahrscheinlich hätte das Kind die Freude am Experimentieren bald verloren und die Arbeit vorzeitig beendet oder wäre aus seiner Konzentration gerissen worden, hätte Arbeit Arbeit sein lassen und vielleicht mit dem Nachbarn ein Gespräch begonnen.

„Nur schauen" und doch ganz präsent sein!

Es gibt aber auch noch ein anderes Ziel der Beobachtung. Wenn man ein Kind beobachtet, darf man darüber hinaus nicht vergessen, auch alle anderen Kinder einer Gruppe zu beobachten! Auch diese Forderung ist eine Sache der Übung. Durch das notwendige Interesse am Geschehen in der Freiarbeitsphase, der dazugehörigen Portion Geduld sich selbst und den Kindern gegenüber, durch Ruhe und dem Vertrauen den Kindern gegenüber („nur zu schauen") wird das Beobachten immer besser gelingen. Selbstverständlich darf man von sich selbst anfänglich nicht erwarten, am Ende eines Tages über jedes Kind innerhalb der Klasse genauestens Bescheid zu wissen. Am leichtesten merkt man sich besonders auffällige Begebenheiten oder Kinder, die durch ihre Arbeitshaltung oder den Umgang mit anderen positiv oder negativ aufgefallen waren. Viel schwieriger ist es da schon, Phänomene zu beobachten, die nicht so eklatant auffällig sind. Für Kinder bedeutet oft der kleinste Lernfortschritt – sei es, plötzlich ein schon oft geübtes Wort in einem Schwung schreiben zu können oder mit Hilfe der „Ziffern und Chips" den Unterschied zwischen teilbaren und nicht teilbaren Zahlen herauszufinden – ein enormes Erfolgserlebnis. Diese Kleinigkeiten zu sehen und zu würdigen, sind Aufgaben eines geduldigen Beobachters. Man wird auch sehen: Nicht immer treten die Erwartungen auch ein – Kinder gehen eben ihre eigenen Wege.

Wissen, was ich will

Ich ging als Kind
in den Palästen
von Bagdad und
Damaskus
ein und aus

Es wunderte mich
nicht
daß man mich
Prinz nannte

H. H. Dreiske

Freiarbeit will gelernt werden

Besonders interessant ist es, die Sechsjährigen in der sogenannten Schuleingangsphase, d.h. in den ersten Monaten nach Schulbeginn, zu beobachten. In dieser Zeit sieht man besonders deutlich, wie unterschiedlich Kinder an eine Arbeit herangehen und welche Erwartungs- und Arbeitshaltungen ihnen von den Eltern mitgegeben worden sind. Viele von ihnen kommen schon mit bestimmten Vorstellungen in die Schule, zappeln schon nach zwei Tagen ganz ungeduldig herum und können es kaum erwarten, endlich Schreiben und Lesen zu lernen. Andere wiederum brauchen Tage und manchmal Wochen, um sich aus dem Angebot an Montessori-Materialien ein Material auszuwählen und damit zu arbeiten. Und dann gibt es noch die sogenannten Zuschauer. Diese Kinder verbringen die erste Zeit der Freiarbeit mit dem scheinbar passiven Beobachten anderer Kinder bei deren Arbeit, kommentieren vielleicht die Arbeit anderer oder geben gute Ratschläge. Da ist es für die Lehrerin oft besonders schwer, nicht einzugreifen. Ein anderer Teil der Schulneulinge kommt mit der Bitte um Hilfe zu einem Erwachsenen oder fragt ein älteres Kind um Rat. Schon in dieser Zeit stoßen Kinder häufig an die Grenzen der Möglichkeit ihres Tuns. Die Selbsteinschätzung und die Einschätzung der eigenen Kräfte zählen zu den wichtigsten Erfahrungen in den ersten Wochen der Schulzeit.

Die Bedeutung der Ordnung

Bevor die Kinder mit der Freiarbeit beginnen, werden sie mit einigen von allen einzuhaltenden Regeln vertraut gemacht, denn Freiarbeit bedeutet niemals einfach „gewähren lassen" oder tun und lassen, was man möchte. Die wichtigste Regel für den Anfang ist wahrscheinlich die, sich zu merken, von welchem Platz man ein Material genommen hat, um es wieder auf denselben zurückzulegen. Diese Regel ist wichtig, damit für alle Kinder ein reibungsloser Ablauf der Freiarbeit gelingt. Unordnung oder Chaos führen zu Orientierungsverlust für Kinder und zum Scheitern der Freiarbeit. Eine weitere Regel besagt: Störe nie ein anderes Kind während der Arbeit! Dadurch wird verhindert, daß arbeitende Kinder durch Fragen anderer in ihrer konzentrierten Arbeit gestört werden und ganz ungeduldigen Kindern wird damit unmißverständlich klargemacht, daß Materialien, mit denen bereits gearbeitet wird, nicht davongetragen werden dürfen.

In den ersten Wochen kann man bei vielen Kindern beobachten, daß sie viele verschiedene Materialien ausprobieren. Für diese Kinder ist es wichtig, die Materialien der vorbereiteten Umgebung zu entdecken. Dazu möchte ich ein konkretes Beispiel bringen:

Clara, ein Mädchen aus der ersten Klasse, beginnt die Freiarbeit nach einem kleinen Tratsch mit ihrer besten Freundin mit einem Block der Einsatzzylinder. Schon nach kurzer Zeit wird dieses Material wieder weggeräumt. Unentschlossen wandert sie an den Regalen entlang, setzt sich zweimal zu arbeitenden Kindern und schaut ihnen zu. Schließlich entscheidet sich Clara für die blau-roten Stangen, die gerade frei geworden sind. Bei dieser Arbeit bleibt sie jetzt länger. Das Material ist ihr bereits bekannt, und sie führt alle Übungen aus, die ihr die Lehrerin schon einmal gezeigt hat. Nach der Eßpause setzt sich das Mädchen zu ihrer Freundin und zeichnet wie diese eine Geschichte ins Geschichtenheft.
Solche Arbeitsabläufe werden in der Freiarbeit häufig beobachtet. Viele Kinder beginnen mit einer besonders einfachen, kurzen Arbeit, auf die dann meistens eine sogenannte „große Arbeit" folgt. In unserem Fall war es die Arbeit mit den Blau-roten Stangen, das erste Zählen und die ersten Erfahrungen mit dem Dekadischen System, in die sich Clara eingelassen hat. Für viele Kinder steht in dieser Phase oft gar nicht das Arbeiten im Vordergrund sondern verständlicherweise der soziale Kontakt zu anderen Kindern; das Finden von Freunden hat Priorität.

Der Arbeitsablauf in der Freiarbeit

Gemeinsames Arbeiten und Kennenlernen in den ersten Tagen und Wochen nach Schulbeginn

Abbildung 2: Erste Tage

Bei Kindern, die vom ersten Schultag an ganz genau wissen, was sie lernen wollen, sieht der Ablauf der Freiarbeit wieder ganz anders aus. Oskar wußte z.B. vom ersten Schultag an, daß er unbedingt schreiben lernen wollte. Er beginnt die Freiarbeit mit einem Gesellschaftsspiel gemeinsam mit Kindern der 1. und 2. Klasse. Anschließend holt er sich die metallenen Einsetzrahmen, Stifte, eine Unterlage und ausreichend Papier und beginnt zielstrebig, eine geometrische Form nach der anderen nachzuziehen und auszufüllen. (Die metallenen Einsetzrahmen sind besonders wichtig für das Erlernen der richtigen Stifthaltung, der Stiftführung und des richtigen Schreibdruckes, für die Entwicklung der entsprechend lockeren und entsprechend festen Hand für das Schreiben.) Schnell entsteht eine Serie mit vielen bunten geometrischen Formen. Am Ende dieser Arbeit werden alle Zettel zusammengeheftet, und voll Stolz nimmt Oskar sein selbstangefertigtes Heftchen in Empfang. Die Phase dieser Arbeit hat bei Oskar ca. 40 Minuten in Anspruch genommen. Sichtlich mit sich und der Welt zufrieden geht Oskar nun einstweilen in seine Eßpause.

Individuelle Phasen der Freiarbeit

Diese beiden Beispiele sollen zeigen, wie unterschiedlich Kinder an die Arbeit herangehen, und letztendlich beobachtet man bei jedem Kind eine andere Entwicklung und einen anderen Arbeitsablauf in der Freiarbeit. Was jedoch bei allen Kindern früher oder später eintritt, ist, daß sich die Phase der „großen Arbeit" immer mehr verlängert, d. h. daß diese Phase den Großteil der Freiarbeit einnimmt, und daß das Kind kaum seine Arbeit unterbricht. Beim Erlernen des Arbeitens in der Freiarbeit können Entwicklungsstufen des Kindes beobachtet werden:

- Die ursprüngliche Stufe ist charakterisiert durch große Sprunghaftigkeit, kurze Konzentrationsphasen und häufige Erholungsphasen.
- Die nächste Stufe zeigt schon einen anderen Ablauf: Einer kurzen, einfachen Übung folgt nach einer Pause (Phase der Unruhe) die eigentliche „große Arbeit". Danach wird neuerlich unterbrochen und die Freiarbeit mit einer weiteren einfachen Übung beendet.

Die große Arbeit

- Die Stufe mit dem höchsten Niveau beinhaltet kaum Unterbrechungen. Konzentriert wird mit einem oder einigen wenigen Materialien gearbeitet. Nahezu die gesamte Freiarbeit wird der „großen Arbeit" gewidmet. Sie erreichen die von Maria Montessori beschriebene Polarisation der Aufmerksamkeit, diese ganzheitliche Vertiefung in ihre Arbeit, sie tragen bereits selbst Sorge für ihre eigene innere Entwicklung. Kinder, die diese fortgeschrittene Stufe erreicht haben, sind gekennzeichnet durch große Ausgeglichenheit, Disziplin und Selbstbeherrschung.

Die Einbeziehung der Eltern

Das oberste Prinzip für die Erwachsenen drückt sich in dem Zitat nach Maria Montessori aus: „Hilf mir, es selbst zu tun!"

Eltern werden vorbereitet

Es ist wichtig, daß wir allen Beteiligten die Möglichkeit des Wachsenlassens und Wachsenkönnens gewähren – auch den Eltern. Die meisten von ihnen spüren, wie wichtig diese Pädagogik für ihr Kind ist. Sie haben sich in den meisten Fällen mit mehr oder weniger Vorwissen entschieden, daß ihr Kind eine Montessori-Klasse besuchen soll und halten an dieser Entscheidung auch fest. Verständliche Ängste gibt es dennoch, und es fällt vielen Eltern nicht leicht, diese Ängste zu äußern und mit ihnen zurechtzukommen. So ist es auch eine der unumgänglichen Aufgaben der Lehrerinnen, den Eltern die Arbeit nach der Methode Maria Montessoris möglichst einsichtig zu machen. Dabei genügt es nicht, die Eltern teilweise am Unterricht teilhaben zu lassen. Wir müssen an Elternabenden mit den Eltern genauso arbeiten wie mit den Kindern und den Eltern die pädagogischen Prinzipien der Montessori-Pädagogik immer wieder erklären, auf die Erziehungsfragen und -probleme der Eltern eingehen und versuchen, die schulische Erziehung mit der des Elternhauses so weit wie möglich in Einklang zu bringen. Es nützt den Kindern wenig, wenn sie vormittags in der Schule selbsttätig und selbständig leben und arbeiten dürfen und nachmittags ihre Verantwortung wieder an die Eltern abgeben müssen.

Vertrauen zu den Kindern

Es ist ein ganz wichtiger Schritt in der pädagogischen Arbeit nach Maria Montessoris Methode, daß auch die Eltern ihren Kindern das notwendige Vertrauen entgegenbringen, daß die Entwicklung der Kinder und deren Lernen letztlich auch deren ureigenste Sache ist, und sie zwar unsere Hilfe brauchen aber auch die Möglichkeit, die Verantwortung für ihr Tun und Leben selbst zu tragen. Das Übergeben der Verantwortung ist ein wesentliches selbstbildendes Element der Montessori-Pädagogik und setzt einen entscheidenden Entwicklungsschritt sowohl bei Eltern als auch bei Lehrerinnen voraus. Hier holt uns unsere eigene erlebte Schulwirklichkeit immer wieder ein, wird während der Arbeit spürbar und fordert uns immer wieder zur Arbeit an der eigenen Entwicklung heraus, um uns einer kindgerechten Pädagogik anzunähern.

Elternarbeit – ein permanenter Prozeß

Nehmen wir die ursprüngliche Zielsetzung des selbstbestimmten Lernens ernst, so müssen wir allen an diesem Prozeß Beteiligten in einem möglichst umfassenden Sinn das Recht der Selbstbestimmung innerhalb der Grenzen einer schulischen Gemeinschaft einräumen. Von einem tiefen Vertrauen in unsere Kinder und von der Überzeugung ausgehend, daß Kindheit sehr wohl einen *Eigensinn* hat, ist nicht mehr die Perspektive, daß Schule für das spätere Leben vorbereiten soll, für die pädagogische Arbeit entscheidend. Vielmehr lehren uns die Kinder in der gemeinsamen Arbeit nach den Grundsätzen der Montessori-Pädagogik, daß die gemeinsame Arbeit an den sich an einem inneren Entwicklungsplan der Kinder orientierenden Interessen und Bedürfnissen für eine intensive Förderung der intellektuellen, emotionalen und sozialen Fähigkeiten am wichtigsten ist.

Nach unseren Erfahrungen ist diese Arbeit für die Reife und das Lernen viel wichtiger als das, was manch verschulte Pädagogen glauben, daß Kinder für ihr späteres Leben gerade jetzt lernen sollten. Wenn wir uns vertrauensvoll beobachtend Kindern zuwenden, so werden uns diese Kinder zeigen und sagen, was sie für ihre Entwicklung brauchen, und es ist das Recht aller Kinder, die für ihre Entwicklung notwendigen Anregungen, Hilfen und die damit verbundene Zuwendung zu bekommen. Insofern ist es nicht mehr die erste Aufgabe der Lehrerinnen und Lehrer, den Kindern zu sagen, was sie lernen sollten, sondern die sensiblen Phasen der Kinder zu beachten und zu verstehen und ihnen zu geben, was diese für die Ausbildung ihrer Fähigkeiten in der aktuellen Entwicklungsphase dringend benötigen. Diese Arbeit erfordert von den Lehrerinnen höchste didaktische und methodische Kompetenz, die sie je nach den Bedürfnissen der Kinder einzusetzen haben werden, aber nicht mehr in dem Sinne, daß sie die Kinder in ihrem Lernen bevormunden und die Lernprozesse der Selbstbestimmung und Selbstverantwortung unterbinden.

Die vorbereitete Umgebung und das Entwicklungsmaterial

> Die Verantwortung des Erwachsenen ist so groß, daß ihm daraus die Pflicht erwächst, mit aller wissenschaftlichen Gründlichkeit die seelischen Bedürfnisse des Kindes zu erforschen und ihm eine entsprechende Umwelt zu bereiten.
>
> Maria Montessori

Das Einrichten einer *vorbereiteten Umgebung* erfordert von den Lehrerinnen hohe Sensibilität in der Frage, ob diese Umgebung auch den Bedürfnissen und Interessen der jeweiligen Kinder entspricht.

Die vorbereitete Umgebung strukturiert die Arbeiten der Kinder und der Lehrerinnen in der Weise vor, daß die Kinder die besten Entwicklungsbedingungen vorfinden.[42] Sie enthält neben der kindgerechten Einrichtung des Klassenraumes die Entwicklungsmaterialien in einer für das Kind erfaßbaren didaktischen Anordnung. Die Vorbereitung der Umgebung erschöpft sich jedoch keinesfalls im Anbieten von „irgendwelchen Arbeitsmitteln und toten Materialien, so wichtig diese auch sind, sondern es ist damit ein menschlich durchwaltetes, reiches und „lebensvolles“ Kulturmilieu im umfassendsten Sinn gemeint“.[43] Zur Vorbereitung der Umgebung gehört auch, daß das Lernen und Leben der Kinder in einer entspannten Umgebung stattfinden kann. Und so ist auch die Lehrerin in ihrer akzeptierenden Einstellung und Haltung zum Kind, ihrem umfassenden didaktischen Wissen und Können in der Materialarbeit und in der gemeinsamen

---

42 Maria Montessori, Über die Bildung des Menschen, Freiburg 1966, S. 55

43 Paul Oswald, Menschenbildung als Anliegen Montessoris (1968). In: Schulz-Benesch, Günter, Die Gründe der Mißverständnisse der Montessori-Pädagogik in Deutschland, Montessori, Darmstadt 1970, S. 385

hilfreichen Arbeit ein wesentlicher Teil einer vorbereiteten und entspannten Umgebung, in der sich Kinder optimal entwickeln können.

Ein weiteres wesentliches Faktum einer vorbereiteten Umgebung ist die Einrichtung von Mehrjahrgangsklassen zum Zwecke der Mischung der Lebensalter.[44] „Was wir in unseren Schulen suchen, ist nämlich gerade der Altersunterschied. Und wenn wir diesen Unterschied begrenzen sollen, so sagen wir, daß mindestens ein Altersunterschied von drei Jahren gegeben sein muß."[45] Danach sollen bis zu drei Jahrgänge in einem Klassenverband zusammengefaßt werden, und zwar den Entwicklungsstufen entsprechend die Drei- bzw. Vierjährigen bis Sechsjährigen, die Sieben- bis Neunjährigen und die Zehn- bis Zwölfjährigen. Diese Zusammensetzung eröffnet auch in unserem Schulsystem eine Verbindung zwischen der vorschulischen und der Grundschulerziehung. Diese Struktur ermöglicht den Kindern vielfältige intellektuelle, soziale und emotionale Erfahrungen. Die Möglichkeit von offenen Türen (zwischen einzelnen Lerngruppen) stellt nicht nur eine Freiheit des Verkehrs unter den Gruppen, sondern auch eine Freiheit des Lernens unter den verschiedenen Niveaus und Graden der Bildung sicher.

Drei Jahrgänge in einer Lerngruppe

Es ist nicht wichtig zu welcher Klasse man gehört, ob es die erste, die zweite oder die dritte Gruppe ist, sondern die Tatsache ist wichtig, daß sie voneinander lernen und dabei wachsen und sich entwickeln. Es ist der Gedanke: „Ich gehe hin und studiere Dinge, die für mich sinnvoll sind und die mich interessieren.[46]

Teil der vorbereiteten Umgebung: Mathematikmaterialien in didaktischer Ordnung

Abbildung 3: Vorbereitete Umgebung

44 Vgl. Maria Montessori, Spannungsfeld Kind – Gesellschaft – Welt, Freiburg 1979, S. 83f.
45 Maria Montessori, Spannungsfeld Kind – Gesellschaft – Welt , S. 83
46 Maria Montessori, Spannungsfeld Kind – Gesellschaft – Welt , S. 87

Die angepaßte oder vorbereitete und entspannte Umgebung muß so beschaffen sein, daß sie die Selbständigkeit des Kindes fördert mit dem Ziel, daß das Kind durch seine eigene Aktivität den Aufbau (die zunehmende Organisation) seiner Persönlichkeit vollziehen kann. Das wiederum ist nur möglich durch entsprechende Interaktion mit seiner Umgebung.[47]

Vorbereitete Umgebung notwendige Lernstruktur

Die vorbereitete Umgebung muß dem kindlichen Entwicklungsstand entsprechend geschaffen werden und beschaffen sein, im Interessenangebot und in den dargebotenen Materialien den Sensibilitäten der Kinder entsprechen, und es muß eine Umgebung von progressiven Interessen gestaltet werden:

- Wenn auch in den einzelnen Entwicklungsperioden unterschiedliche Sensibilitäten auftreten, so muß in der didaktischen Ordnung der Materialien die Kontinuität der Entwicklung des Kindes gewahrt bleiben.
- Die Gestaltungselemente der vorbereiteten Umgebung müssen so beschaffen sein, daß sie die aufeinanderfolgenden Neigungen der Kinder ihrem jeweiligen Entwicklungsstand angemessen ansprechen, herausfordern und einen weiterführenden Lernprozeß bewirken.[48]
- Die Umgebung muß klar gegliedert und für das Kind überschaubar sein;

Wir bieten dem Kind mit dem Material geordnete Reize an und lehren also nicht direkt, wie man es sonst mit kleinen Kindern zu tun pflegt, sondern vielmehr durch eine Ordnung, die im Material liegt und die das Kind sich selbständig erarbeiten kann. Wir müssen alles in der Umgebung – also auch alle Gegenstände – soweit für das Kind vorbereiten, daß es jede Tätigkeit selbst ausführen kann.[49]

- Die didaktisch vorbereitete Umgebung muß so beschaffen sein, daß sie Aufforderungscharakter zum Handeln besitzt.
- Das Kind muß die Freiheit der Bewegung und Initiative haben, um aus den angebotenen Mitteln seine eigene Wahl treffen zu können.
- Die vorbereitete Umgebung muß Offenbarungscharakter für ein entdeckendes Lernen des Kindes haben und
- durch ihre Eigenart die kindliche Eigenart hervorlocken und enthüllen.

Abbildung 4: Vorbereitung der Freiarbeit, Besprechung der kommenden Arbeiten

47 Vgl. Hildegard Holtstiege, Modell Montessori, Freiburg 1968, S. 128f.

48 Maria Montessori, Das kreative Kind, Freiburg 1975, S. 185

49 Maria Montessori, Grundlagen meiner Pädagogik, München 1934, (Grundlagen und Grundfragen der Erziehung, Bd.18), S. 13

Zum Entwicklungsmaterial

> Die Hand ist das Werkzeug menschlicher
> Intelligenz
>
> Maria Montessori

Mit Hilfe des Entwicklungsmaterials ist es den Kindern möglich, ihre intellektuellen, psychischen und motorischen Fähigkeiten zu entwickeln. Innerhalb der sensiblen Perioden gelingt dies besonders gut. Kinder können mit diesen Materialien selbständig arbeiten und lernen. Wir unterscheiden nach Maria Montessori Materialgruppen zur Förderung phasenspezifischer Sensibilitäten wie die Materialien zu den *Übungen des täglichen Leben und zur Sinnesschulung* und *didaktische Materialien für Mathematik, Sprache und kosmische Erziehung*. Die didaktischen Materialien bilden die wesentlich größere Materialgruppe. Sie stehen in einem engen Zusammenhang zu den beiden Materialgruppen *Übungen des täglichen Lebens* und *Sinnesschulung*.

Der Zusammenhang von Sensiblen Perioden und dem Entwicklungsmaterial

Bei allen Materialgruppen finden wir durchgehend
- das Prinzip der Isolation der Schwierigkeiten,
- das Merkmal der Ästhetik und
- das Merkmal der Selbstkontrolle.

Merkmale der Materialien

Die Selbstkontrolle dient der Entwicklung wesentlicher Eigenschaften und Fähigkeiten der Schüler. Die Schüler sollen ihre Arbeit selbstverantwortlich und ehrlich kontrollieren können.

Die vorbereitete Umgebung, in der diese Materialien den Kindern zur Verfügung stehen, bildet einen Ordnungsrahmen für die Arbeit der Kinder. Sie wählen die Materialien selbst aus, können auch selbständig und selbsttätig mit diesen arbeiten oder erhalten von der Lehrerin eine Lektion, wie mit dem Material gearbeitet werden kann. Die vorbereitete Umgebung ist jene pädagogische Struktur, die für jede Art des sogenannten offenen Unterrichtes unbedingt notwendig ist.

Vorbereitete Umgebung und Entwicklungsmaterialien

Kinder bedürfen eines klaren pädagogischen Rahmens, der ihnen Orientierung bietet und der selbständiges Arbeiten überhaupt erst ermöglicht.

Die didaktischen Materialien werden bei der Darstellung des didaktischen Aufbaus der Mathematik, der Sprache und der kosmischen Erziehung innerhalb ihres didaktischen Kontexts und mit ihrer methodischen Handhabung vorgestellt. Neben der vorbereiteten Umgebung ist aber vor allem das Erzieherverhalten ein wesentlicher Grundpfeiler einer Erziehung, die es dem Kinde erlaubt, *es selbst zu werden*. Die eigentliche Aufgabe, die den Erzieherinnen bzw. Lehrerinnen bei der Arbeit mit dem Entwicklungsmaterial zugewiesen wird, besteht in der Wahrnehmung einer Mittlerrolle zwischen Kind und der vorbereiteten Umgebung mit den Entwicklungsmaterialien. Diese Mittlerrolle ist sehr diffizil und anspruchsvoll, denn das Material ist nur ein Anknüpfungspunkt für eine verstandesmäßige Verbindung zwischen Lehrerinnen, die Gedanken übermitteln und Kindern, die diese übernehmen.[50]

Didaktische Materialien

Grundlegende Anforderung an eine vorbereitete Umgebung ergeben sich ebenso aus dem Bemühen, Bedingungen für die Polarisation der Aufmerksamkeit

Bedeutung der Bewegung

---

50 Maria Montessori, Die Entdeckung des Kindes, Freiburg 1969, S. 167

zu schaffen und der *Bewegung des Kindes* als unerläßlichen Faktor, für den Aufbau des Bewußtseins den nötigen Raum einzuräumen:

- Der Unterrichtsraum sollte so groß sein, daß die größere Hälfte des Bodens frei bleiben kann.
- Die entwickelten didaktischen Materialien werden in Regalen zur freien Wahl der Kinder bereitgestellt.
- Hinsichtlich der Zeit ist der Wegfall der Stundeneinteilung erforderlich.
- Ein verbindlicher (starrer) Stundenplan und das Prinzip eines durchgängigen Klassenunterrichtes werden aufgegeben.

Die Polarisation der Aufmerksamkeit

> So wie es beim Zirkel notwendig ist, einen Punkt festzulegen, damit der Kreis genau wird, so ist beim Aufbau des Kindes die Aufmerksamkeit der wesentlichste Punkt.
>
> Maria Montessori

Die Polarisation der Aufmerksamkeit ist das Schlüsselphänomen, dessen Entdeckung Maria Montessori den Zugang zu einer wirksamen Unterstützung kindlicher Entwicklung gewiesen hat. Sie nennt dieses Phänomen *„einen wichtigen Stützpunkt, auf dem sich die kindliche Arbeit aufbaut".*[51] Das Phänomen der Polarisation der Aufmerksamkeit entdeckte Maria Montessori bei der Beobachtung eines dreijährigen Kindes, das sich mit den Einsatzzylindern beschäftigte:

Die Entdeckung der Polarisation der Aufmerksamkeit

> Zu Anfang beobachtete ich die Kleine, ohne sie zu stören, und begann zu zählen, wie oft sie die Übung wiederholte, aber dann als ich sah, daß sie sehr lange damit fortfuhr, nahm ich das Stühlchen, auf dem sie saß, und stellte Stühlchen und Mädchen auf den Tisch; die Kleine sammelte schnell ihr Steckspiel auf, stellte den Holzblock auf die Armlehnen des kleinen Sessels, legte sich die Zylinder in den Schoß und fuhr mit ihrer Arbeit fort. Da forderte ich alle Kinder auf zu singen; sie sangen, aber das Mädchen fuhr unbeirrt fort, seine Übung zu wiederholen, auch nachdem das kurze Lied beendet war. Ich hatte 44 Übungen gezählt; und als es endlich aufhörte, tat es dies unabhängig von den Anreizen der Umgebung, die es hätten stören können; und das Mädchen schaute zufrieden um sich, als erwachte es aus einem erholsamen Schlaf.[52]

Über die pädagogische Bedeutung dieses Phänomens schrieb Maria Montessori:

> Dies ist offenbar der Schlüssel der ganzen Pädagogik: diese kostbaren Augenblicke der Konzentration zu erkennen, um sie beim Unterricht in Lesen, Schreiben, Rechnen, später in Grammatik, Mathematik und Fremdsprachen auszunützen. Alle Psychologen sind sich übrigens darin einig, daß es nur eine Art des Lehrens gibt: tiefstes Interesse und

---

51 Hildegard Holtstiege, Modell Montessori, Freiburg 1968, S 174
52 Maria Montessori, Schule des Kindes, Freiburg 1976, S. 70

damit lebhafte und andauernde Aufmerksamkeit bei den Schülern zu erwecken.[53]

Die Bedingungen für die Ermöglichung dieses Phänomens der Konzentration sind den pädagogischen Prinzipien der Montessori-Pädagogik immanent. Die grundlegende Bedingung ist die Beachtung sensibler Phasen. Lehrerinnen können nicht immer die sensiblen Phasen aller Kinder kennen. Darum müssen sie es den Kindern überlassen, welche Interessen und Bedürfnisse für sie im Vordergrund stehen, und was sie aus der vorbereiteten Umgebung auswählen und damit lernen wollen. Deshalb muß immer ein Angebot von angemessenen Übungen und Materialien bereitstehen. Die vorbereitete Umgebung muß deshalb auch so strukturiert sein, daß sie eine innere Leitfunktion für die selbständige Entwicklung kindlicher Intellektualität und Personalität enthält. Die Leitfunktion der vorbereiteten Umgebung veranlaßt die Lehrerin meist nur zu einem indirekten Eingreifen. Sie reagiert auf die kindlichen Bedürfnisse. Als Leitgedanke des Handelns der Lehrerin gilt der Ausspruch des kleinen Kindes zu Maria Montessori: „Hilf mir, es selbst zu tun!"

Polarisation der Aufmerksamkeit und vorbereitete Umgebung

Mit dieser Entdeckung hatte Maria Montessori endgültig einen Zugang zum kindlichen Selbstbildungsprozeß gefunden. Die weitere Frage richtete sich auf die systematisch herstellbaren Bedingungen für das Auftreten bzw. Eintreten des Phänomens – die Frage nach der vorbereiteten Umgebung, die Frage nach dem Auftreten der sensiblen Perioden sind grundlegende Bedingungen für das Auftreten der Polarisation der Aufmerksamkeit. Weitere Konditionen sind in der *Freiheit der Initiative* und der *Freiheit der Wahl* zu sehen und zu finden. Das Verhältnis zwischen Schülern und Lehrern ist geprägt von einem unbedingten Vertrauen, daß Kinder wissen, was sie lernen wollen und daß Kinder erfüllt sind von einem weiteren Phänomen: dem *absorbierenden Geist*.

Freiheit „für" ...

Der absorbierende Geist

> Diese Form der Aktivität offenbart eine unbewußte Kraft, die nur dem Kinde zu eigen ist.
>
> Maria Montessori

Wir Erwachsenen nehmen die Umwelt nur in unserem Gedächtnis auf, während sich das Kind an die Umwelt anpaßt. Diese Form des vitalen Gedächtnisses, das sich nicht bewußt erinnert, sondern das Bild in das Leben des Individuums absorbiert, erhielt von Percy Nunn einen besonderen Namen: „Mneme"(...) Im Kind besteht für alles, was es umgibt, eine absorbierende Sensitivität.[54]

Die schöpferische Kraft des Kindes

---

53 Maria Montessori, Das Kind in der Familie, Stuttgart 1954, (Wien 1923), S. 59

54 Vgl. Maria Montessori, in: Hildegard Holtstiege, Modell Montessori, 4.Aufl., Freiburg 1977, S. 41

Mit dem Begriff des „absorbierenden Geistes" bezeichnet Maria Montessori auch die umweltintegrierende Produktivität des Kindes. So schreibt sie in ihrem Alterswerk „Das kreative Kind", das ursprünglich 1848/49 in Indien unter dem englischen Titel „The Absorbent Mind" erschienen ist:

> Wir sind Aufnehmende; wir füllen uns mit Eindrücken und behalten sie in unserem Gedächtnis, werden aber nie eins mit ihnen, so wie das Wasser vom Glas getrennt bleibt. Das Kind hingegen erfährt eine Veränderung: Die Eindrücke dringen nicht nur in seinen Geist ein, sondern formen ihn. Die Eindrücke inkarnieren sich in ihm. Das Kind schafft gleichsam sein „geistiges Fleisch" im Umgang mit den Dingen seiner Umgebung. Wir haben seine Geistesform absorbierenden Geist genannt. Es ist schwierig für uns, die Fähigkeiten des kindlichen Geistes zu begreifen, aber es handelt sich zweifellos um eine privilegierte Geistesform.[55]

In „Das kreative Kind" stellt Maria Montessori nochmals und deutlicher als in „Kinder sind anders" heraus, daß die kindliche Natur unbewußt menschliche Geisteskraft hervorbringt:

> Das Kind verfügt über andere Kräfte, und die Schöpfung, die es vollbringt, ist keine Kleinigkeit: die Schöpfung des Ganzen. Es schafft nicht nur Sprache sondern formt auch die Organe, die es ihm ermöglichen zu sprechen. Jede körperliche Bewegung, jedes Element unserer Intelligenz, alles, womit das menschliche Individuum ausgestattet ist, wird vom Kind geschaffen.[56]

Deutlich veranschaulicht Maria Montessori mit dem Begriff des absorbierenden Geistes das schöpferische Kräftepotential des Kindes.

Kinder sind anders, und Kinder lernen anders als Erwachsene. Maria Montessori wie Jean Piaget verweisen hier auf die *Eigenbedeutung der Kindheit*, womit sie betonen, daß Kindheit nicht nur als Vorbereitung auf das Erwachsensein gesehen werden kann: Beide schreiben übereinstimmend, daß die intellektuellen und moralischen Strukturen des Kindes von denen der Erwachsenen grundsätzlich verschieden sind, daß aber das Kind dem Erwachsenen in seinen wichtigsten Funktionen sehr ähnlich ist. Wie er ist es ein aktives Wesen, und seine Aktivität unterliegt den Gesetzen des Interesses und innerer und äußerer Bedürfnisse. Jean Piaget veranschaulicht diesen Sachverhalt mit dem bekannten Beispiel von der Kaulquappe und dem Frosch. Beide brauchen Sauerstoff, doch um ihn aufzunehmen, atmet die Kaulquappe mit einem anderen Organ als der Frosch. In ähnlicher Weise handelt das Kind weitgehend wie der Erwachsene, doch mit einer Mentalität, deren Strukturen je nach seinem Alter verschieden sind.[57]

Genauso verfügen Kinder über eine „unbewußte Intelligenz", die ihnen Lernen in Dimensionen ermöglicht, die wir Erwachsene nur mehr unvollkommen besitzen. Als Beispiel kann uns hier unter anderem die gigantische Leistung des Spracherwerbs dienen. Kinder sind fähig, Wissen in sich aufzu-

---

55 Maria Montessori, Das kreative Kind. Freiburg 1972, S. 23
56 Maria Montessori; Das kreative Kind, S. 21
57 Maria Montessori, Grundlagen meiner Pädagogik, München 1934

nehmen, scheinbar ohne Anstrengung und ganz von selbst. In weiten Berei-chen des Buches „The Absorbent Mind" beschäftigt sich Maria Montessori daher auch mit der Beschreibung der kindlichen Sprach- und Bewegungsent-wicklung als imponierendem Beispiel der Sensibilität des absorbierendes Geistes.

Aber alle hier dargestellten pädagogischen Grundgedanken dienen letztlich der Unterstützung der These Maria Montessoris, ihre Entwicklungs-pädagogik stehe im Dienst der Liebe zum Kind und der kindlichen Liebe zur Wirklichkeit:

> Das Kind ist eine Quelle der Liebe. Kommt man mit ihm in Berüh-rung, berührt man die Liebe. Es ist eine schwer zu definierende Liebe.[58]

In einer für das Kind vorbereiteten Umgebung und in der behutsamen Beobachtung der sensiblen Phasen können wir die tiefe Bedeutung der Polari-sation der Aufmerksamkeit und des absorbierenden Geistes in seiner päd-agogischen Dimension für das Kind erkennen. Trotz der eindeutigen und verständlichen Darstellbarkeit der pädagogischen Grundsätze Maria Montes-soris und damit auch der Montessori-Pädagogik gilt Maria Montessori nicht als Theoretikerin im streng wissenschaftlichen Sinn. Vielmehr suchte sie durch Beobachten und Erfahren der Kinder die Grundlagen ihres Handelns zu gewinnen. Zum Begriff „Theoretikerin" merkt G. Schulz-Benesch richtig an, daß „theoretische Systematikerin" präziser wäre, denn Montessoris Ge-samtwerk enthält natürlich in eminenter Weise Theorie.[59]

Maria Montessori als Theoretikerin

Maria Montessori schuf zwar ein integriertes Gesamtcurriculum für den elementaren Bildungsbereich,[60] doch liegen die didaktischen Schwerpunkte eindeutig – in der Reihenfolge der Aufzählung – im Bereich der Mathematik, der Sprache und der Naturwissenschaften, der Kosmischen Erziehung. Der musisch-künstlerische Bereich wurde bereits in der Frühzeit[61] der Montessori-Pädagogik von anderen didaktischen Konzepten übernommen. Der didakti-sche Bereich der Leibesübungen ist aus heutiger Sicht höchstens marginal vorhanden. Das Curriculum Maria Montessoris für den elementaren Bil-dungsbereich wird an anderen Stellen als „geschlossenes didaktisches Sy-stem" bezeichnet[62], wobei der Begriff System zu viel versprechen könnte. Eine Darstellung der in der Montessori-Pädagogik enthaltenen didaktischen Aspekte und eine Konkretisierung derselben wird Gegenstand der folgenden Darstellungen sein. In dieser Hinsicht kann kein Anspruch auf Vollständig-keit erhoben werden.

Maria Montessori als Didaktikerin

58 Maria Montessori, Das kreative Kind, Freiburg 1972, S. 260

59 Maria Montessori, Spannungsfeld Kind – Gesellschaft – Welt – Erziehung, Freiburg 1979, S. 67

60 Paul Scheid, Das Frankfurter Modell, in: Beiträge zur Montessori-Pädagogik 1977, Stuttgart 1977, S. 10f.

61 Bekannt aus der Geschichte des Wiener Montessori-Kinderhauses (1922-38)

62 Vgl. Hermann Röhrs, Schulen der Reformpädagogik heute, Vorwort, Düsseldorf 1986

Die folgenden didaktischen Ordnungen der Montessori-Pädagogik sind Resultat der Arbeit mit den Kindern, der Arbeit mit den Lehrerinnen in den Kursen und der intensiven Beschäftigung mit der Montessori-Literatur, auch mit jener, die teilweise noch nicht veröffentlicht ist.[63] Diese didaktischen Ordnungen sind aber immer zu sehen im System der Grundgedanken der Montessori-Pädagogik und unter dem Aspekt des Konzeptes der Selbstbildung unter den zitierten pädagogischen Bedingungen, die hier zusammenfassend graphisch dargestellt werden:

Polarisation der Aufmerksamkeit (*Begriff der Arbeit*)	*Freiheit*	*Vorbereitete Umgebung* (*Der „neue Erzieher"*)
Freiheit	*Selbstbestimmung und Selbstbildung des Menschen*	*Freiheit*
Sensible Perioden (*Theorie – Einstellung – Bedeutung*)	*Freiheit*	*Entwicklungsmaterialien* (*eine didaktische Struktur*)

     Das Konzept der Selbstbildung des Menschen ist in der Konzeption Maria Montessoris von den soeben dargestellten Kriterien bestimmt. Gleichzeitig muß dem Kind für seine Entwicklung in einem Selbstbildungsprozeß immer die entsprechende Freiheit eingeräumt werden. Kinder können und werden nur dann die Verantwortung für sich und ihr Werden übernehmen, wenn wir ihnen die Freiheit dazu geben.

---

63 Vgl. z.B. Psychoarithmetik und Psychogeometrie von Maria Montessori, die beide nur zum Teil oder noch nicht veröffentlicht sind.

Weg – erste Möglichkeit

Über die Bedeutung der Übungen des täglichen Lebens

> Es darf nicht übersehen werden: die Kinder
> verrichten eine echte Arbeit in einer realen
> Welt ...
>
> E. M. Standing

Die Übungen des täglichen Lebens umfassen alle Tätigkeiten, die Kinder fast von Anbeginn ihres Lebens erfahren und beobachten und die zur Selbsterhaltung und Pflege der Person und ihrer Umgebung innerhalb und außerhalb ihres Wohnbereiches notwendig sind. Dabei steht allerdings nicht – wie beim Erwachsenen – das zu erreichende Ziel im Vordergrund, sondern es geht zuerst um das reine *Tun, das Wie* der Bewegungen und Handhabungen. Erst viel später wirken sich diese Tätigkeiten darauf aus, daß sich Kinder sichere und harmonische Handhabungen erworben haben, die dann den Umgang im alltäglichen Tun erleichtern und verschönern.[64] So schreibt E. M. Standing auch in seiner Darstellung – und ich habe immer wieder die Erfahrung gemacht, daß es notwendig ist, dies zu betonen:

Kein eigentliches Ziel?

> Eines muß zuvor erkannt sein: Diese Übungen des praktischen Lebens haben kein praktisches Ziel. Deshalb sollte der Ton nicht auf praktisch, sondern auf Leben liegen.[65]

Nun ist es für Pädagogen, die sich noch nicht allzu lange mit der Montessori-Pädagogik beschäftigt haben, nicht immer leicht, die didaktische Bedeutung der „Übungen des täglichen Lebens" gleich einzusehen. Man würde doch meinen, daß die *Übung des Zopfflechtens* oder des *Händewaschens* vorwiegend dem Erlernen des Zopfflechtens oder des Händewaschens dient. Die meisten Pädagogen sind eher erstaunt über die Erklärung, daß beispielsweise bei der Übung des Zopfflechtens bzw. des Händewaschens nicht das Erlernen dieser Tätigkeiten im Vordergrund steht, sondern daß diese Übungen der inneren Entwicklung des Kindes dienlich sind, vornehmlich der physischen, geistigen und moralischen Entwicklung des Kindes. Kinder im Alter von ungefähr 2–6 Jahren haben ein ausgeprägtes Bedürfnis nach Integration in die sie umgebende Gesellschaft und ein ebenso ausgeprägtes Bedürfnis nach Ordnung (Vgl. Kapitel „Sensible Phasen", Seite 17).

Was dahinter steckt

Maria Montessori hat unseren Kindern mit den Übungen des täglichen Lebens eine Möglichkeit geboten, sich intensiv nach den ihnen zur Verfügung stehenden Möglichkeiten in die sie umgebende Gesellschaft zu integrieren. Sie tun dies eben dann, wenn sie in der Lage sind, für sich zu sorgen und Verantwortung für sich und andere zu übernehmen. Zu diesem Zweck hat Maria Montessori die

Die Umgebung ist dem Kind angepaßt – und nicht umgekehrt

---

64 Annebeate Huber, unveröffentlichtes Typoskript
65 E.M. Standing, Maria Montessori – Leben und Werk, Stuttgart o.J.

Umgebung dem Kind angepaßt (und nicht umgekehrt), die Einrichtung und die Gegenstände kindgerecht gemacht und den Kindern die Möglichkeit eingeräumt, „wie die Erwachsenen" und vor allem ebenso „ernst genommen" zu leben – eben für sich selbst verantwortlich. Gerade um diese Entwicklung zu ermöglichen, flechten Kinder auf dem Teppich einen Zopf oder waschen die Hände oder lernen einen Stuhl tragen oder den Tisch zu decken oder ... Sie lernen dabei, sich selbst, ihre Hände, ihre Augen, ihren Geist und ihre Psyche zu koordinieren, sie lernen, sich in ihrer Umwelt zurechtzufinden, diese Umwelt für sich selbst zu gestalten und sich in dieser sie umgebenden konkreten und realen Welt selbst zu verwirklichen. Das ist der eigentliche – auch didaktische – Sinn der Übungen des täglichen Lebens. Auch hier bleibt das Ziel: den Kindern zu helfen, *es selbst zu tun!*

Verantwortung für sich selbst

Die Materialgruppe der Übungen des täglichen Lebens umfaßt Materialien für Übungen zur Pflege der eigenen Person wie z.B. *Nase putzen* oder *Gehen auf der Linie* sowie des Umgangs mit anderen Personen u.a. wie z.B: *Grüßen,* aber auch Übungen zur Pflege der Umgebung wie z.B. einen *Stuhl tragen, Blumen schneiden* u.a.m. Hierher gehören auch die Übungen für die Sensibilität von Bewegungen und Ordnungen. Zahlreiche Beispiele können hier erwähnt werden. Die Kinder vollführen verschiedene Schüttübungen, decken ihren Tisch, putzen Schuhe und Messing, lernen mit verschiedenen Geräten hantieren, üben ihre Fähigkeiten an Knüpfrahmen, genießen es, ihre Hände zu waschen und lernen vor allem, für sich selbst und ihre Umgebung Verantwortung zu übernehmen. In einer entsprechend vorbereiteten Umgebung wird das Kind die Entwicklungsmaterialien für die *Übungen des täglichen Lebens* finden, die „...dem Menschen helfen, sein inneres Gleichgewicht, seine seelische Gesundheit und sein Orientierungsvermögen unter den gegenwärtigen Umständen in der äußeren Welt zu bewahren."[66]

Übungen des täglichen Lebens

Die folgende Übersicht ist exemplarisch, d.h. kann selbstverständlich erweitert werden. Die Einteilung soll vor allem die Übersichtlichkeit erleichtern. Die Übungen des täglichen Lebens sind nicht immer klar einteilbar und unterliegen bei der konkreten Arbeit nur bei den Schüttübungen einer möglichen Reihenfolge.

Materialien der Übungen des täglichen Lebens zur Pflege der eigenen Person

Übungen:

- Nase putzen
- Hände waschen
- Übungen mit den Anziehrahmen (Maschenrahmen, Rahmen zum Knöpfen, Rahmen mit Sicherheitsnadeln, Rahmen mit Druckknöpfen, Schnürrahmen mit Ösen, Schnürrahmen mit Haken und Ösen, Rahmen mit Reißverschluß)
- Zopf flechten

---

66 Maria Montessori, Über die Bindung des Menschen, Freiburg 1966, S. 21

Abbildung 5: Händewaschen

Sich selbst kennenlernen, die Wahrnehmung durch unseren Tastsinn, unsere zehn Finger, das Angenehme von Seife und Wasser. Niemals wird dabei das Reinigen der Hände im Vordergrund stehen, sondern immer das Finden und Entdecken des Ichs.

Die Übung Nase putzen möchte ich mit einem Zitat illustrieren, das nicht nur diese Übung, sondern vielmehr die Arbeit und den Umgang mit den Kindern in wahrhaft montessorischer Art und Weise beschreibt:

Einmal kam es mir in den Sinn, eine Art humoristische Unterrichtsstunde darüber abzuhalten, wie man sich die Nase putzt. Nachdem ich verschiedene Arten der Benutzung des Taschentuches nachgeahmt hatte, zeigte ich den Kindern zuletzt, wie man es anzustellen habe, um möglichst wenig Lärm zu verursachen und das Taschentuch unauffällig zur Nase zu führen. Die Kinder hörten und sahen mir mit größter Aufmerksamkeit zu und lachten nicht; ich aber fragte mich, warum ich mit dieser seltsamen Lektion solche Erfolge gehabt hatte. Kaum war

Von der Würde des Kindes

Maria Montessori hat nach Möglichkeit die Schwierigkeit isoliert und eine Grundlage geschaffen, wie sich Kinder auf das zu Erlernende wirklich konzentrieren können. Daher lernen Kinder z.B. das Binden einer Masche nicht an ihrem Schuh sondern an einem eigenen Anziehrahmen und lernen dabei noch viel mehr ...

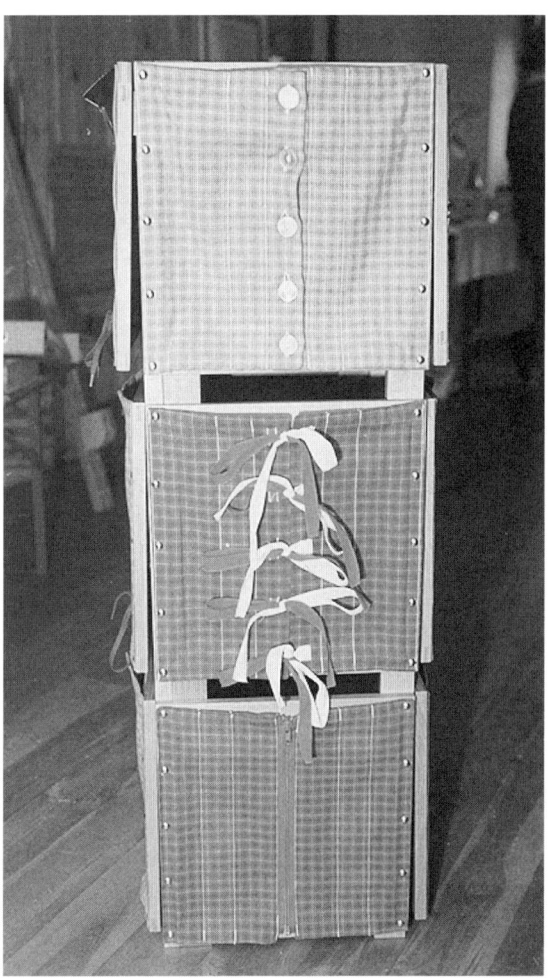

Abbildung 6: Anziehrahmen

Kinder arbeiten in der Regel auf dem Boden und auf einem Teppich – das ist ihr abgegrenzter Bereich der Arbeit und ihr Feld der Konzentration für diese bestimmte Arbeit. Es ist dies eine Arbeit mit beiden Händen von links nach rechts und vice versa über die Körpermitte – eine hervorragende Übung für die Raumlageorientierung der Kinder.

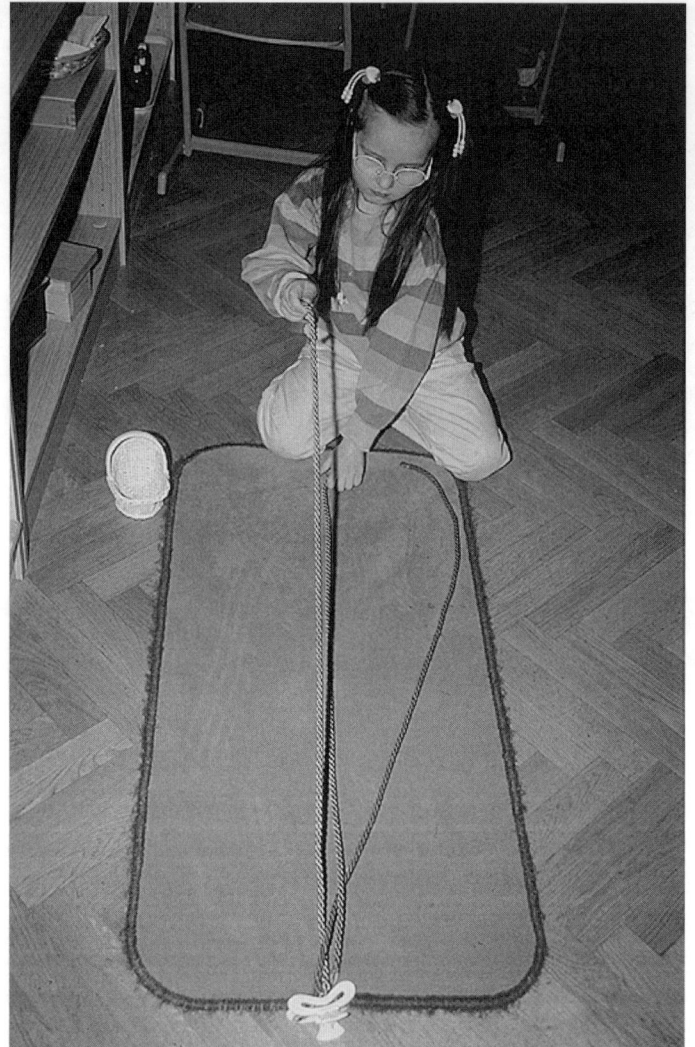

Abbildung 7: Einen Zopf flechten.

ich am Ende angelangt, da brach ein Applaus los, der an ein begeistertes Theaterpublikum denken ließ. ... so sagte ich mir, hatte ich einen empfindlichen Punkt im sozialen Leben dieser kleinen Menschen berührt. Die Kinder befinden sich, was die erwähnte Frage des Naseputzens angeht, in einem erniedrigenden Zustand und sehen sich gewissermaßen dauernder Geringschätzung ausgesetzt. Unablässig werden sie wegen ihrer schmutzigen Nase ausgezankt ... niemand aber lehrt sie, wie sie es eigentlich richtig machen sollen.[67]

Übungen (und Materialien) für die Sensibilität von Bewegungen und auch für die Sensibilität von Ordnungen

Übungen:

- Gehen auf der Linie
- Stille Übung
- Gießen mit Samenkörnern
- Gießen mit Wasser
- Löffeln
- Tücher falten

---

67 Maria Montessori, Kinder sind anders, Stuttgart 1967

Erklärungen

Finden des Gleichgewichts

Gehen auf der Linie und damit auch die Bedeutung der Bewegung in der kindlichen Entwicklung erklärt Maria Montessori:

> Die Vervollkommnung der verschiedenartigsten Bewegungen hat auch ihren Schlüssel: die unerläßliche zentrale Bedingung, mit der die ganze Vervollkommnung zusammenhängt, nämlich das Gleichgewicht des Menschen. Wir haben deshalb ein Mittel erdacht, um den Kleinen zu helfen, ein sicheres Gleichgewicht zu finden und gleichzeitig die grundlegendste aller Bewegungen zu vervollkommnen: das *Gehen.*

> Eine in Form einer langen Ellipse auf den Fußboden aufgezeichnete Linie (mit Kreide oder einer lange sichtbar bleibenden Farbe) wird so begangen, daß der Fuß ganz auf die Linie gesetzt wird, also letztere längs der Fußachse verläuft.[68]

Zu sich selbst finden

Zur Stille, die eine zentrale Stellung innerhalb eines Konzeptes der Selbstfindung einnimmt, meint Maria Montessori:

> Stille ist die Einstellung jeder Bewegung und nicht, wie man gewöhnlich in den Schulen meinte, die Einstellung von „Geräuschen, die über das normale, im Raum geduldete Geräusch hinausgehen". „Stille" bedeutet in den gewöhnlichen Schulen das „Aufhören des Lärms", das Anhalten einer Reaktion, das Unterdrücken von Unarten und Unordnung.

> Dabei läßt sich Stille positiv als ein der normalen Ordnung „übergeordneter" Zustand verstehen, ...

> In unseren Schulen haben wir absolute Stille erreicht, trotz einer Klasse mit mehr als 40 kleinen Kindern zwischen 3 und 6 Jahren. Ein Befehl hätte nie zu diesem wunderbaren Erfolg von Willensäußerungen führen können ...[69]

Bei den Gieß- oder Schüttübungen gibt es eine didaktisch-methodische Reihenfolge. Wir beginnen diese Übungen mit durchsichtigen Gefäßen, damit die Kinder sehen können, ob nun ein Gefäß voll oder leer ist. Zuerst wird von einem Gefäß in ein gleiches umgegossen, erst dann von einem größeren Gefäß in mehrere kleine. Vor dem Gießen mit Flüssigkeiten wird mit Körnern gegossen. Erweiterungen können dann dazukommen.

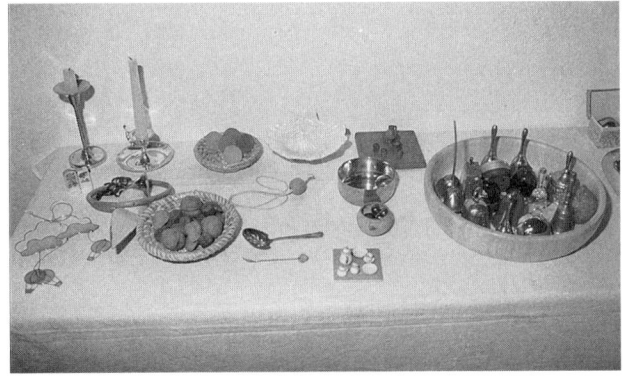

Abbildung 8: Materialien für das Gehen auf der Linie

Gehen – die Übung, die es uns ermöglicht, im wahrsten Sinn des Wortes „unser Gleichgewicht" zu finden. Kinder haben immer viel Spaß dabei, diese Übungen mit den abgebildeten Gegenständen auszuführen.

---

68   Maria Montessori, Die Entdeckung des Kindes, Freiburg 1969, S. 101f.

69   Maria Montessori, Die Entdeckung des Kindes, Freiburg 1969, S. 154ff.

Ähnlich wie bei den Löffelübungen brauchen Kinder die verschiedenen Gießübungen zur Koordination ihrer Gesamtpersönlichkeit und vor allem auch für die Entwicklung ihrer Wahrnehmung.

Abbildung 9: Gießen mit Samenkörnern

Das Gießen mit Flüssigkeiten ist schon ein bißchen schwieriger als das Gießen mit Samenkörnern und wird den Kindern auch erst als nächste Gießübung angeboten.

Abbildung 10: Gießen mit Wasser

In der entsprechenden sensiblen Periode verharren Kinder lange und ausdauernd bei diesen Übungen und erfahren „links" und „rechts" und „oben" und „unten" in ihren Tätigkeiten und durch ihre Bewegungen; Kinder finden hier auch eine gute Vorübung für die Koordination des Schreibens.

Abbildung 11: Löffeln

Abbildung 12: Tücher falten

Am Beispiel des Tücherfaltens können wir erkennen, daß diese Übung die Koordination der Hände und der Augen und Hände einschließt. Es ist dies auch eine Vorbereitung auf die Mathematik, im speziellen auf die Geometrie – das Dreieck.

Übungen des täglichen Lebens zur Pflege der Umgebung

Übungen

* Teppich aus- und aufrollen
* Einen Stuhl tragen
* Türe öffnen und schließen
* Schuhe putzen
* Tisch kehren (und waschen)
* Metall polieren
* Blumen schneiden und pflegen
* Tisch decken

Auch bei diesen Übungen steht die Integration der Kinder in ihre Umwelt im Vordergrund. Sie übernehmen wirklich Verantwortung für ihre Umgebung und führen eine wirkliche Arbeit aus. Dies sind Übungen, die die Kinder und ihre Entwicklung in einem kindgemäßen Sinn ernst nehmen und damit das Selbstbewußtsein der Kinder stärken.

Abbildung 13: Schuhe putzen

Wir lernen nicht unbedingt Schuhe putzen aber sehr wohl, für uns zu sorgen.

45

Tisch kehren: Eine wichtige Koordina-
tionsübung.

Metall polieren: Eine kreisende, harmoni-
sche Bewegung auch zum Finden der
inneren Ruhe und der Befriedigung nach
getaner Arbeit.

Abbildung 14: Tisch kehren   *Abbildung 15: Metall polieren*

Blumenpflege: Nicht nur die Pflege von
Blumen und Pflanzen, auch die Pflege
von Tieren hat für die moralische Ent-
wicklung jedes Kindes eine große Bedeu-
tung, wenn es darum geht, auch die
Verantwortung für andere zu überneh-
men.

Tisch decken: Verschiedene Ordnungen
stehen im Vordergrund dieser Übungen.

Abbildung 16: Blumenpflege   *Abbildung 17: Tisch decken*

Exemplarische Darstellung des didaktischen Wertes der Übungen des täglichen Lebens anhand der Löffelübungen

> Die Tätigkeit muß für sich selbst sprechen:
> „So staubt man ab." Wir wollen nicht, daß
> das Kind diese Tätigkeit ausübt, weil *wir* sie
> tun oder wie *wir* sie tun, oder weil wir die
> Arbeit angeordnet haben. Also müssen wir
> sie in ihren einzelnen Phasen so sachlich
> wie möglich vorführen. Die dann vom Kin-
> de ausgeübte Tätigkeit soll originäre Arbeit
> und Ausdruck des sich selbst entfaltenden
> Lebens sein.
>
> Maria Montessori

Material

Zwei Schalen mit Bohnen oder anderen Körnern gefüllt auf einem Tablett, ein
Löffel, der in die Kinderhand paßt, eventuell eine Zuckerzange ...
   Das Material für die Löffelübungen ist im Regal vorhanden und das
Kind holt es von dort. Das Tragen das Tabletts zu dem Platz, auf dem gear-

beitet wird, ist für die meisten Kinder eine ansprechende Gleichgewichtsübung.

Nun kann in einer didaktisch unstrukturierten Arbeitsphase vom Kind gearbeitet, experimentiert, entdeckt und gelernt werden, oder die Lehrerin gibt dem Kind, wenn dieses einverstanden ist, eine Darbietung mit diesem Material.

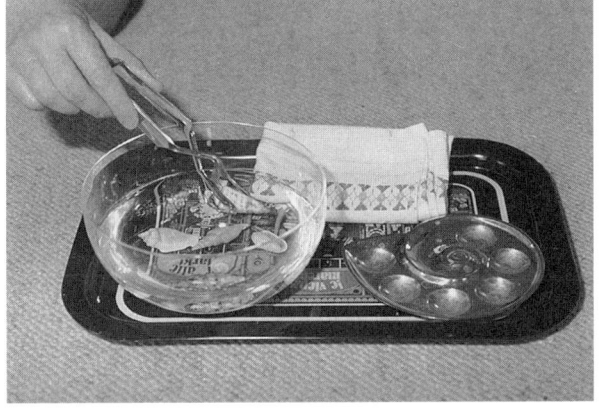

Abbildung 18: Übung mit der Zange

Löffelübung bzw. Übung mit Zange in der beschriebenen Form

Zur Darbietung

> ... wir sollten immer „lehrend lehren". Immer noch lächelnd fuhr die Dottoressa fort: „non corrigendo!", „nicht korrigierend!"
>
> E. M. Standing

In diesem Fall soll das gefüllte Schälchen auf der linken Seite stehen, der Löffel liegt dann vor dem Tablett. Die Lehrerin nimmt den Löffel mit ihrer Schreibhand, mit der anderen Hand hält sie – wenn notwendig – das Schälchen. Sie hält den Löffel für das Kind gut sichtbar und nachvollziehbar mit den Schreibfingern, nimmt aus dem vollen Schälchen auf der linken Seite Körner auf, führt den gefüllten Löffel zur rechten Schale und leert die Körner hörbar in die leere Schale. Der Vorgang wird wiederholt, bis keine Körner mehr in der linken Schale sind. Bei den letzten Körnern kann die linke Hand das Schälchen schräg halten. Der Löffel wird nach Beendigung der Arbeit wieder abgelegt.

Das Kind führt diese Tätigkeit nun in einer für es nachvollziehbaren Weise aus.

Genauigkeit der Darbietung

Zu den Inhalten und dem didaktischen Stellenwert der Arbeit

> So gewinnt unser Tun Anmut, gleichsam geistige Vollkommenheit.
>
> Maria Montessori

Hier wie bei jeder anderen Arbeit wird das Prinzip der freien Wahl des Materials und der Arbeit im Vordergrund der schulischen Arbeit und Erziehung stehen. Wir dürfen dem Kind vertrauen, daß es diese Arbeit für seine Entwicklung auch braucht, wenn es sich dieses Material aussucht.

Das Kind ist bei dieser Arbeit des Löffelns in einem hohen Maße aktiv:

- Es koordiniert sein Gleichgewicht beim Tragen und beim Löffeln.
- Es koordiniert seine Bewegung im Bereich der Grob- und Feinmotorik.
- Es bereitet sich auf das Schreiben vor.
- Es lernt seine Arbeit zu kontrollieren (die Selbstkontrolle wird hier angezeigt durch die auf dem Tablett liegenden Körner, die eben nicht den Weg in die andere Schale gefunden haben). Es lernt seine eigene Art der Arbeit usw.

Analyse und Synthese

Die Darbietung des Löffelns erfolgt in der Schreibrichtung von links nach rechts, der Löffel wird mit der Schreibhand und den Schreibfingern geführt. Das Kind übt seine Koordination von Auge und Hand, es nimmt Raumtiefe wahr und erlebt die Zustände voll und leer. Es zerlegt Bewegungen in seine Einzelbewegungen, nimmt sich und seine Bewegungen bewußter wahr und setzt einzelne Bewegungen synthetisch wieder zu einem Bewegungsablauf zusammen. Es übt seinen Muskelsinn, Gehörsinn, Gesichtssinn – es hat Freude an der Arbeit.

Von der äußeren zur inneren Ordnung

Die Arbeit kann variiert werden. Grundsätzliches wie das Lernen in Bewegung, die freie Wahl, die individuelle Arbeitsweise und die Selbstkontrolle wird beibehalten und wird bei den verschiedenen Übungen immer wieder vorhanden sein. Kinder beachten in der Regel bei der Wahl der Arbeit und des Entwicklungsmaterials sehr genau ihre aktuellen Sensibilitäten. Die Bewegungsabfolge und deren Zerlegung kommt in einem hohen Maß ihrem Bedürfnis nach Ordnung entgegen, und *sie schaffen sich durch die äußere Ordnung und durch das Ordnen während der Arbeit ihre innere Ordnung*, die sie für ihr Wachstum und für ihre Entwicklung unbedingt brauchen, finden in dieser Arbeit innere und äußere Ruhe und beenden diese Arbeit dann, wenn sie Befriedigung gefunden haben.

Ordnung!

Nach getaner Arbeit wird das Material vom Kind wieder an seinen Platz gestellt. Alle anderen Kinder müssen dieses Material an dem vereinbarten Platz wiederfinden können – ein Ordnungsgesichtspunkt, auf dem auch die Kinder vehement bestehen.

Die Arbeit des Kindes wird in dieser Entwicklungsphase nicht korrigiert. Dem Kind ist es möglich, die Darbietung der Lehrerin nach seinen Möglichkeiten aufzunehmen und diese für sich selbst umzusetzen. Es bleibt ihm überlassen, wie es diese Arbeit ausführen kann. Die Lehrerin wird allerdings die Darbietung zu einem anderen Zeitpunkt wieder in der oben beschriebenen Form anbieten und damit dem Kind die notwendigen Entwicklungsanreize bieten.

Nicht korrigieren!

Obwohl diese Materialien für Kinder ab dem 2. bzw. 3. Lebensjahr gedacht und konzipiert wurden, sind sie in einer Schuleingangsphase unbedingt notwendig. Hier haben die Materialien für die Kinder einen hohen kompensatorischen Wert. Es ist 'in den Montessori-Klassen immer wieder zu beobachten, daß vor allem Kinder, denen diese Materialien in ihren sensiblen Phasen nicht zur Verfügung standen, die Entwicklung ihrer motorischen Fähigkeiten mit Hilfe der Übungen des täglichen Lebens nachzuholen versuchen. In einer Schuleingangsphase sind diese Materialien von den Kindern auch sehr gefragt. Das gleiche gilt für die Materialgruppe der Sinnesmaterialien.

Weg – zweite Möglichkeit

Über die Bedeutung der Übungen zur Sinnesentwicklung

> Wir haben schon einmal darauf hingewiesen, daß das Sinnesmaterial dem Kind keine neuen Eindrücke liefern soll; es soll vielmehr in die unzählbaren Eindrücke, die es schon erworben hat und noch erwerben wird, Ordnung und System bringen.
>
> Maria Montessori

Sinneseindrücke begleiten uns durch unser ganzes Leben und dienen als Grundlage unserer Realität. Da diese Sinneseindrücke von Mensch zu Mensch verschieden sein können, ja sogar bei ein und demselben Menschen zu verschiedenen Zeitpunkten und unter unterschiedlichen Bedingungen, schafft jeder von uns seine eigene Realität. Das bedeutet einerseits, daß ebenso viele verschiedene Wirklichkeiten existieren wie es Menschen gibt, und das bedeutet anderseits auch, daß ein Mangel an Sinneseindrücken – besonders während der Entwicklung des Kindes – unweigerlich zu einer reduzierten Realität führt.

Unser Fenster zur Welt...

So gesehen wird es verständlich, daß die Sinnesschulung nach Maria Montessori eine der Grundlagen der Erziehung des Menschen bildet. Nach ihren Vorstellungen nimmt das Kind in der ersten Lebensphase bis ungefähr 3 Jahre Eindrücke unbewußt auf, während in der 2. Phase von ca. 3 bis ungefähr 6 Jahren der Bewußtwerdungsprozeß einsetzt. In dieser Zeit wird sich das Kind seiner selbst ebenso bewußt, wie es Bewußtsein für seine Umwelt entwickelt. Die ersten ungeordneten Eindrücke werden vertieft und verstanden, die Umwelt bewußter beobachtet und somit die Sinne immer weiter entwickelt.

Das konkrete Greifen der Gegenstände führt zum abstrakten Begreifen der (Um)welt, das bedeutet aber auch, daß nicht die Vermittlung neuer Eindrücke das Ziel sein kann, sondern das Bewußtwerden bereits gewonnener Eindrücke. Hier findet ein äußerst komplexer Prozeß des Erinnerns, des verstehenden Wahrnehmens, des Ordnens, des Differenzierens und des Strukturierens statt.

Handhabung als Grundlage des Begreifens

Das Sinnesmaterial dient nun der Unterstützung und Verfeinerung der Sinne, dem Bilden von Ordnungen, dem Verstehen von Wahrnehmungen, dem Differenzieren von Strukturen. Erst durch das Handhaben des Materials, durch Bewegung und durch konkretes Greifen findet jede geistige Entwicklung ihr Fundament, kann abstraktes Begreifen der Dinge und somit der Welt überhaupt – der kindlichen Entwicklung entsprechend – erst stattfinden.

Die Hauptaufgabe der ErzieherInnen bzw. LehrerInnen liegt in diesem Prozeß in der „Guten Darbietung im rechten Augenblick". Indem wir dem Kind helfen, bereits gemachte Umwelterfahrungen bewußt werden zu lassen, geben wir ihm den „Schlüssel zur Welt", mit dem es einerseits neue Dimensionen erschlie-

Dem Kind den Schlüssel zur Welt geben

ßen kann und andererseits die Möglichkeit hat, die mit dem Material gewonnenen Erfahrungen in der (Um)welt anzuwenden.

Vom Begreifen zum Verstehen

In diesem Sinn beinhaltet die Arbeit mit dem Sinnesmaterial zwei wichtige Bereiche: auf der biologischen Ebene die Unterstützung der natürlichen Entwicklung des Individuums, auf der sozialen Ebene die Vorbereitung des Individuums auf die Umwelt. Während sich das Kind durch Konzentration, Ordnung und Entfaltung seiner geistig-seelischen Kräfte „normalisiert", vertieft es auch seine Beziehung zur personalen und sachlichen Umwelt. Durch das fortschreitende Erwachen des Ichs entwickelt das Kind immer mehr Unabhängigkeit; Begreifen führt zum Verstehen. Das bedeutet, daß die Entwicklung der Sinne jeder höheren geistigen Betätigung vorausgeht. Daraus ergibt sich des weiteren, daß sich der Verstand mit Hilfe der Bewegung herausbildet und entwickelt. Die Bewegung unterstützt die Entwicklung der Psyche und der Intelligenz, und diese findet ihrerseits Ausdruck in weiteren Bewegungen und Handlungen. Es ist also ein immerwährender Zyklus des Lernens, Entwickelns und Reifens, der in der Kindheit besonders ausgeprägt ist.

Lernen durch Bewegung, Lernen durch die Arbeit unserer Hände, Lernen in einem befriedigenden sozialen Rahmen

Abbildung 19: Lernen durch Bewegung – ein Prinzip der Montessori-Pädagogik

Maria Montessori meint dazu in ihrem Buch „Das kreative Kind – der absorbierende Geist":

Wenn man von geistiger Entwicklung spricht, wird es Leute geben, die sagen: „Bewegung? Was hat die Bewegung damit zu tun, wir sprechen doch von geistiger Entwicklung?", und wenn wir an geistige Übung denken, sehen wir uns alle sitzend und unbeweglich. Aber die geistige Entwicklung muß mit der Bewegung verbunden sein und von ihr abhängen.[70]

Denken wir daran, um wieviel höher das Aktivitätsniveau von Kindern im Vergleich zu Erwachsenen liegt. Dem Bedürfnis des Kindes nach Bewegung gerecht zu werden, bedeutet nach den pädagogischen Vorstellungen Maria Montessoris, daß Kinder vor allem durch Begreifen, durch Entdecken, durch Erfinden lernen dürfen und daß ihrem Schöpfungsdrang jede mögliche Unterstützung und so wenig wie möglich Einschränkung entgegengebracht werden soll.

Bewegung und Entwicklung

Der didaktische Stellenwert der Sinnesentwicklung

Es gehört zu den Prinzipien Maria Montessoris, immer dem Gang der Natur zu folgen.
E. M. Standing

Über die Herkunft der Materialien zur Förderung der Sinnesentwicklung verweist Maria Montessori zunächst darauf, daß das Sinnesmaterial bereits seine eigene Geschichte hat. Das Material basiert auf sorgfältigen psychologischen Versuchen mit jenen Materialien, die J. G. Itard und E. Séguin benutzten, um „schwachsinnige und zurückgebliebene" Kinder zu erziehen. Zu diesen getesteten und ausgewählten Materialien der Pariser Nervenärzte übernahm sie weitere Materialien aus der Experimentalpsychologie.[71]

Von den Versuchen Maria Montessoris

Wie die Kinder diese verschiedenen Mittel benutzten, welche Reaktionen sie in ihnen hervorriefen, wie häufig sie diese Gegenstände gebrauchten und vor allem, welche Entwicklung dadurch ermöglicht wurde, all dies gab uns mit der Zeit vertrauenswürdige Kriterien für die Ausschaltung, Abänderung und Annahme dieser Mittel als Materialien in unseren Schulen.[72]

Maria Montessori geht von der einfachen Einsicht aus, daß Kinder leichter und besser lernen können, wenn ihre Sinne entsprechend geschult sind:

Der Wert der Sinnesmaterialien

Der naheliegende Wert einer Erziehung und Verfeinerung der Sinne gibt durch die Erweiterung des Feldes der Wahrnehmungen eine immer zuverlässigere und reichhaltigere Grundlage für die Entwicklung der Intelligenz. Durch den Kontakt mit der Umgebung und ihre Erforschung baut der Verstand diesen Schatz wirkender Gedanken auf, ohne die seinem abstrakten Funktionieren Grundlagen und Präzision, Genauigkeit und Inspiration entzogen wären.[73]

Das von Maria Montessori in der beschriebenen Intention ausgewählte, geprüfte und weiterentwickelte Material für die Sinneserziehung besteht nach ihrer Aussage von 1918 aus einem System von Gegenständen. Diese sind nach ganz

Eigenschaften der Materialien

---

70 Maria Montessori, Das kreative Kind, Freiburg 1972, S. 129
71 Vgl. Hildegard Holtstiege, Modell Montessori, Freiburg 1986, S. 102
72 Maria Montessori, Die Entdeckung des Kindes, Freiburg 1969, S. 112
73 Maria Montessori, Die Entdeckung des Kindes, Stuttgart 1913

bestimmten Eigenschaften der Körper geordnet, wie Farbe, Form, Maße, Klang, Oberflächenbeschaffenheit, Gewicht, Temperatur.

Unter diesem Gesichtspunkt ist das Sinnesmaterial sicherlich als „materialisierte Abstraktion" zu betrachten. Es zeigt „Farbe", „Dimension", „Duft", „Geräusch" greifbar, unterschieden und in Abstufungen geordnet; dies ermöglicht eine Klassifizierung und Analyse der Eigenschaften.[74]

In diesem Zusammenhang kann ein grundlegendes didaktisches Prinzip der Montessori-Pädagogik konkretisiert werden: die Isolierung von Eigenschaften in verschiedenen Materialien:

Isolierung der Schwierigkeiten

Durch die Isolierung einer einzigen Eigenschaft im Material und deren Abstufungsmöglichkeiten soll die Fähigkeit zur Differenzierung der Wahrnehmung und zur Klarheit in der Unterscheidung im Umgang des Kindes mit den Dingen in seiner Umgebung und deren Erforschung gefördert werden. Der Stellenwert des Sinnesmaterials im entwicklungspädagogischen Gesamtkonzept kann folgendermaßen beschrieben werden: dem Geist adäquate Materialien zu seiner Entwicklung anzubieten, durch die er sich selbst eine elementare Ordnung im anfänglichen kindlichen Chaos schaffen und seine Erfahrung organisieren (strukturieren) kann. Dabei steht ein Erziehungsgrundsatz im Vordergrund:

Einzelheiten lehren bedeutet Verwirrung stiften. Die Beziehung unter den Dingen herstellen bedeutet Erkenntnisse vermitteln.[75]

Die kindliche Psyche

Das jeweilige Material hat eine durchgängige Funktion: die Fülle der durch die Tätigkeit des absorbierenden Geistes aufgenommenen Eindrücke oder Bilder ordnend zu durchdringen. Das Chaos der kindlichen Psyche *„braucht nichts Neues, sondern nur Ordnung in den bereits vorhandenen Dingen."*[76]

Es ist sehr schwierig, bei Maria Montessori eine genaue Klassifizierung von Materialgruppen zu finden. Von der Sache her ist dies auch ohnehin problematisch, da viele Materialien mehrfach einsetzbar sind.

Materialien zur Entwicklung der Sinne

Dabei geht Maria Montessori vom Prinzip der „Isolierung des Reizes" aus.

E.M. Standing

Noch einmal zum Thema „Sensibilitäten"

Durch Sinnesübungen mit Hilfe von spezifischem Entwicklungsmaterial werden verschiedene Sensibilitäten im einzelnen isoliert, gezielt angesprochen und gefördert. Dennoch enthält das Material mit seiner Isolierung von Eigenschaften die Möglichkeit, verschiedene Sensibilitäten gleichzeitig zu fördern:

- Sinneserfahrungen,
- Motorik,

---

74 Maria Montessori, Die Entdeckung des Kindes, Freiburg 1969, S. 197
75 Maria Montessori, Von der Kindheit zur Jugend, Freiburg 1973, S. 90
76 Maria Montessori, Die Entdeckung des Kindes, Freiburg 1969, S. 193

- Koordination der Bewegungen und
- das kindliche Organisationsvermögen zur strukturierenden Verarbeitung der Eindrücke und Erfahrungen insgesamt anzuregen einschließlich der Sprachförderung durch Begleitübungen.

Maria Montessori selbst nennt die Entwicklungsmaterialien die „auf den Zweck gerichteten Dinge, welche das Chaos ordnen, das sich in ihm (dem Kind – Anm. d. Verf.) gebildet hat, mit der Ordnung dem forschenden Geist Klarheit bringen und es bei seinen Forschungen leiten."[77]

Sinnesmaterialien für das Entdecken von Kontrasten, Identitäten und Abstufungen

Wahrnehmen, Ordnen, Erkennen

Vergleichen wir die didaktische Bedeutung der Sinnesmaterialien mit der didaktischen Bedeutung der Übungen des täglichen Lebens, so werden wir feststellen, daß Sinnesübungen in ihrem Stellenwert für die kindliche Entwicklung leichter einsehbar sind. Es geht bei diesen Übungen primär um eine möglichst optimale Entwicklung und Ausprägung der menschlichen Sinne, wobei in der Montessori-Pädagogik auch hier den Prinzipien[78] des Lernens durch eigene Arbeit, des Lernens durch Bewegung und des Lernens durch Selbsttätigkeit und Selbständigkeit treu geblieben wird.

Entdecken und Wahrnehmen von Kontrasten

Ein Kriterium der Arbeit wird (meist) durchgehend angewendet: das Entdecken und Wahrnehmen von Unterschieden.

Entwicklungsmaterialien (exemplarisch):
- Tasttafeln – Abstufungen
- Farbtäfelchen – Abstufungen
- Brettchen aus verschiedenen Materialien
- Unterschiedliche Materialien zur Differenzierung im akustischen Bereich
- Geheimnisvoller Beutel
- Barische Täfelchen oder Gewichtstäfelchen

Abbildung 20: Farbtäfelchen (Abstufungen)

Kontraste in der Helligkeit der Farben – die Wahrnehmung von Unterschieden; weiter unten: Farbtäfelchen paarweise geordnet zur Wahrnehmung von Identität

---

77 Maria Montessori, Die Entdeckung des Kindes, Freiburg 1969, S. 119

78 Den Begriff Prinzipien finden wir in der Übersetzung der Biographie E.M. Standings: Maria Montessori – Leben und Werk, Stuttgart o.J.

Bei der Arbeit mit diesem Material geht es um die Wahrnehmung von Unterschieden und von Gleichem. Das Material ist eine Ausnahme: Hier werden mehrere Sinne angesprochen, d.h., das Prinzip der Isolation der Schwierigkeit wird ausnahmsweise nicht eingehalten.

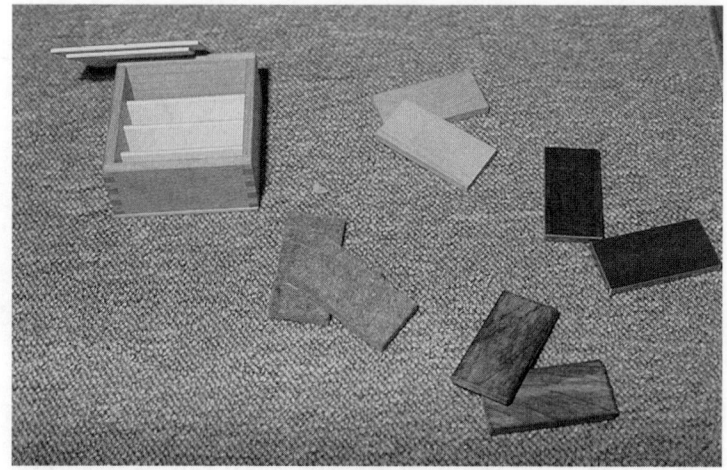

Abbildung 21: Plättchen aus unterschiedlichen Materialien

Differenzierungen im akkustischen Bereich mit den „Glocken"

Abbildung 22: Glocken

Der geheimnisvolle Beutel – wichtige Erfahrungen, die Kinder durch die Sensibilisierung ihres Tastsinnes machen können.

Abbildung 23: Geheimnisvoller Beutel

Entdecken und Wahrnehmen von Identitäten

Wahrnehmung von *Gleichheiten* und *Übereinstimmungen* bei der Zusammenstellung doppelreihiger Serien bzw. paarweise Zusammenstellung:

Entwicklungsmaterialien (exemplarisch):
- Geräuschbüchsen,
- Farbtäfelchen – Paare,
- Taststoffe – Paare,
- Tasttäfelchen – Paare,
- Barische Brettchen,
- Wärmekrügelchen

Abbildung 24: Geräuschbüchsen

Die Arbeit mit den Geräuschbüchsen enthält sowohl eine Arbeit zur Differenzierung – die Ordnung nach der Reihe „laut–leise" – als auch die Bildung von Paaren – das Erkennen der Identität.

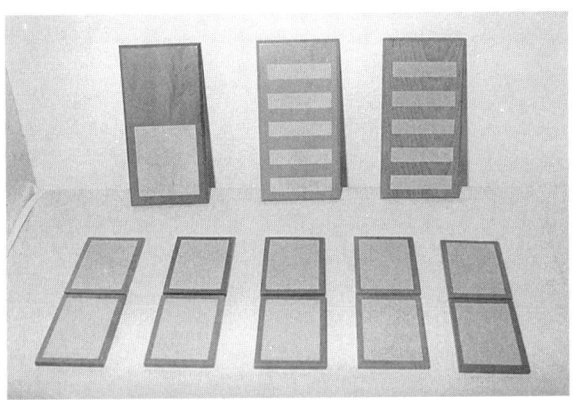

Abbildung 25: Tasttäfelchen

Abstufungen und Paare zur Wahrnehmung von Identitäten; die Übungen mit den Tasttafeln sind eine wichtige Vorübung zum Erlernen des Schreibens mit den Sandpapierbuchstaben.

Abbildung 26: Wärmekrügelchen

Wahrnehmung von geringen Temperaturunterschieden – Wärmekrügelchen; ebenso Finden von Gleichem.

55

Erkennen und Wahrnehmen von Abstufungen

Wahrnehmung von *Ordnungen* und Veränderungen in verschiedenen Dimensionen.

Entwicklungsmaterialien:
- Rote Stangen
- Braune Treppe
- Rosa Turm
- Einsatzzylinder
- Bunte Einsatzzylinder

Erkennen und Unterscheiden in der Dimension der Länge; später auch Versprachlichung: lang – kurz, länger als, kürzer als.

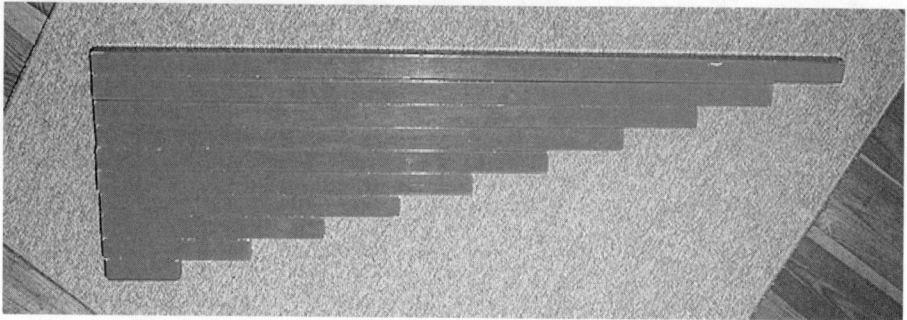

Abbildung 27: Rote Stangen

Eine Fülle von Identitäten und Wahrnehmungen, eine Fülle wichtiger räumlicher Erfahrungen – Erleben von Dimensionen.

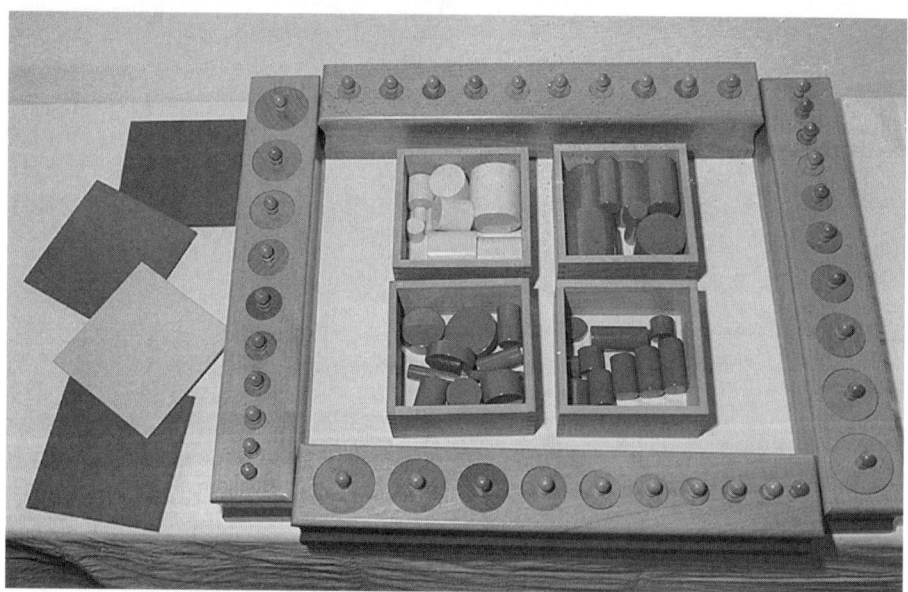

Abbildung 28: Einsatzzylinder und knopflose (bunte) Einsatzzylinder

Sinnesmaterial für die Förderung des visuellen und auditiven Unterscheidungsvermögens

Die bereits genannten Materialien finden auch in diesem Zusammenhang Verwendung.

Förderung visueller Wahrnehmungen

Erfassung und Unterscheidungsvermögen von Dimensionen:

- Einsatzzylinderblöcke
- Knopflose Einsatzzylinder
- Rote Stangen
- Geometrische Körper
- Geometrische Kommode
- Konstruktive Dreiecke
- Rosa Turm und Braune Treppe
- Farbtäfelchen
- Perlenmaterial (Dekanom)

Abbildung 29: Kombination von Brauner Treppe und Rosa Turm

Braune Treppe: Wahrnehmung der Veränderung in zwei Dimensionen; Versprachlichung: dick – dünn ... Rosa Turm: Wahrnehmung der Veränderung in drei Dimensionen; Versprachlichung: groß – klein ...

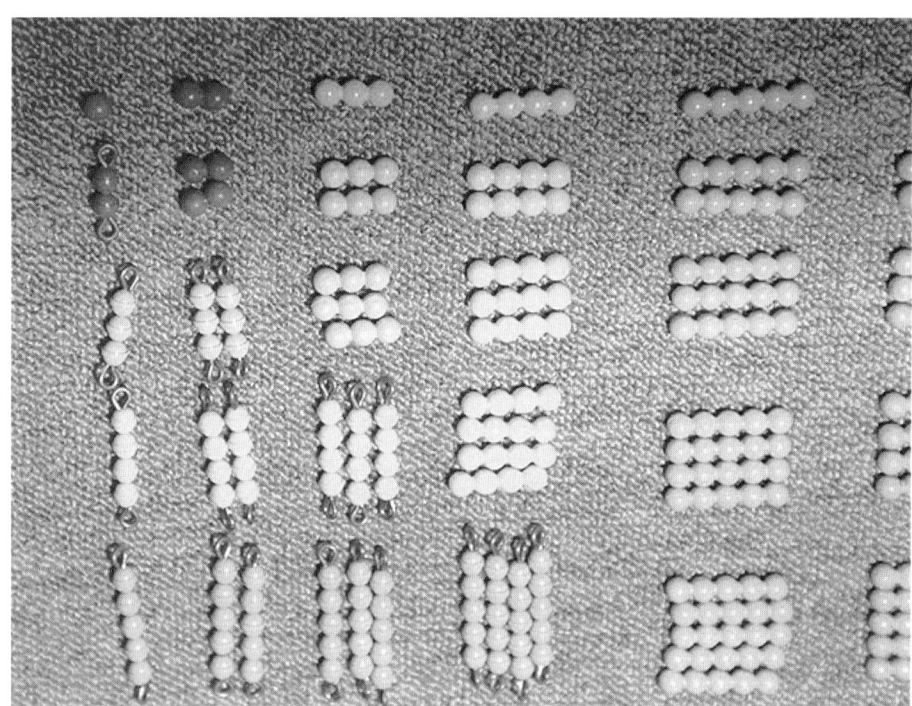

Abbildung 30: Perlenmaterial, Teil des sogenannten Dekanoms

Das Legen des dekanomischen Quadrates ist eine wunderbare Sinnesübung und eine wichtige Übung zum Verstehen von mathematischen Beziehungen und damit auch zum Verstehen der Welt.

Förderung auditiver Wahrnehmungen

Übungen zur Unterscheidung von Geräuschen
Vier Gruppen:

- Stille
- die menschliche Stimme
- Geräusche
- Musik

Sinnesmaterial zum Begreifen, Wahrnehmen und Erkennen verschiedener Dimensionen

- Zylinderblöcke
  Wahrnehmung verschiedener Dimensionen (visuell, taktil), indirekte Vorbereitung auf das Schreiben (Finger- und Handhaltung)
- Rosa Turm

  Wahrnehmung von Massenunterschieden (groß – klein), Entwicklung der Motorik, Koordination zielgerichteter Bewegungen, logische Reihen
- Braune Treppe

  wie Rosa Turm (Dimensionen: dick–dünn), Kombinationen mit dem Rosa Turm; die einzelnen Quader der Braunen Treppe verändern sich nur in zwei Dimensionen (erkennen dimensionaler Unterschiede im Vergleich zum Rosa Turm).

- Rote Stangen

  Visuelle und greifbare Wahrnehmung verschiedener Längen, Vorbereitung auf die Arbeit mit den numerischen Stangen, Herstellen von Ordnungen

Sinnesmaterial für die Entwicklung verschiedener Sensibilitäten

- Farbtäfelchen
  Erkennen von Farbunterschieden, Kontrasten und Gleichheiten, Übungen der Motorik der Hand
- Riechbüchsen
  Differenzierte Wahrnehmungen im Bereich des Geruchssinnes
- Wärmekrügelchen
  Wahrnehmungen von Temperaturunterschieden
- Platten mit verschiedenem Leitvermögen

  Differenzierte Wahrnehmung im Hinblick auf das Leitvermögen verschiedener Materialien
- Gewichtstäfelchen
  Förderung des barischen Sinnes, Verfeinerung der Motorik und des Muskelsinnes
- Geräuschbüchsen
  Wahrnehmungsdifferenzierung im Bereich des Gehörsinnes

- Rauhe und glatte Flächen

  Entwicklung des Tastsinnes, Vorbereitung auf die Arbeit mit den Tastbuchstaben und -ziffern

- Geometrische Körper

  Förderung des stereognostischen Sinnes (Tast- und Muskelsinn für Körperempfinden), Vorbereitung auf geometrische Formen

- Konstruktive Dreiecke

  kindgemäße Vorbereitung der Geometrie, Sortieren von Form und Farbe, konstruierendes Zusammensetzen, Entwicklung der Fantasie

Die beiden letztgenannten Entwicklungsmaterialien führen die Kinder zum Erkennen der Dimensionen in die Welt der Mathematik.

Nach anfänglichen Sinneserfahrungen und frei entdeckendem Lernen der Kinder, daß es Unterschiede, Ähnlichkeiten, Gleichheiten und Reihenfolgen gibt, werden auch Namenslektionen in Form von Drei-Stufen-Lektionen gegeben.

Zur Darbietung

> „Lehrerin" sein wollen, setzt Ehrfurcht vor dem Kinde als einem uns von Gott anvertrauten Wesen voraus.
>
> Maria Montessori

Immer wieder anbieten

Die Einführung in den Umgang mit einem Material nennt Maria Montessori Lektion oder Darbietung. Diese wird in der Regel dann gegeben, wenn das Kind bereits Erfahrungen mit dem Material gemacht hat oder besonderes Interesse zeigt. Dabei darf nicht außer Acht gelassen werden, daß der Lehrer immer wieder gemeinsame Arbeiten mit den Materialien anbieten muß (Vgl. das Kapitel „Zur Arbeit der Lehrer mit den Kindern", Seite 22).

Präzision und Übersichtlichkeit sind die Grundlage jeder Lektion. Durch Beobachtung weiß die Lehrerin, wann eine Lektion erforderlich ist. Dabei ist es wichtig, daß sie das Material mit dem Kind gemeinsam holt, damit das Kind den Platz des Materials kennt und es nach Gebrauch wieder dorthin bringen kann. Weiterhin müssen folgende Punkte berücksichtigt werden:

Kriterien einer guten Darbietung

- Entscheidend sind der persönliche Kontakt und die Atmosphäre bei der Lektion.

- Auf dem Tisch oder dem Teppich liegt nur das Material für die Lektion.

- Eine Lektion für den Gebrauch eines Materials muß klar und eindeutig sein. Langsame und deutliche Bewegungen sind wichtig. Dabei wird so wenig wie möglich gesprochen. Wichtig ist der ungehinderte Kontakt zwischen Kind und Material.

- Die Lehrerin zeigt in der Regel den vollständigen Ablauf einer Materialübung. Wenn das Kind die Lektion verstanden hat, übernimmt das Kind die Arbeit. Die Lehrerin schaut zu und zieht sich eventuell zurück, beobachtet aber weiterhin das Kind.

- Die Lehrerin macht nicht auf Fehler aufmerksam. Die Lektion wird zu einem späteren Zeitpunkt wiederholt. Das Kind darf auf keinen Fall entmutigt werden.

- Nach der Lektion arbeitet das Kind selbständig weiter. Teilweise ist es auch notwendig, daß Kinder noch ermutigt werden, die Arbeit selbständig weiterzuführen.

- Variationen und Erweiterungen sind möglich.

- Die Lektionen werden in der Regel einzelnen Kindern gegeben, höchstens Kleingruppen. Individueller Entwicklungsstand, persönlicher Kontakt und die Intensität der Aufmerksamkeit sind von grundlegender Bedeutung.

Wenn die Benennung von Dingen im Vordergrund einer Darbietung steht, wird diese Arbeit in der Montessori-Pädagogik auch Namenslektion genannt. Diese wird meist in Form einer Drei-Stufen-Lektion gegeben:

Die Darbietung – Hilf mir, es selbst zu tun!

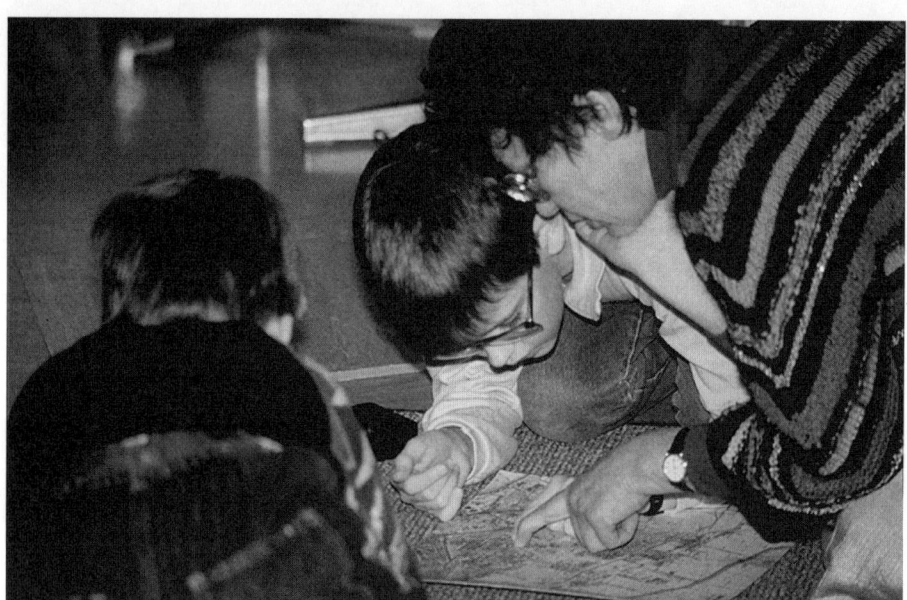

Abbildung 31: Darbietung in einer entspannten und guten Beziehung

Die Drei-Stufen-Lektion

1. Stufe

Phase der Benennung:

Sinnliche Wahrnehmung des Gegenstandes und Nennung des Namens (bzw. Nennung der Eigenschaft oder der Bezeichnung):

   Das ist ... – Benennung

2. Stufe

Phase der Festigung:

Die Lehrerin nennt den Begriff und bittet das Kind, ihr den Gegenstand zu zeigen oder zu holen. Aufträge, Wiederholungen und methodische Vielfalt sind in dieser Phase wichtig und notwendig:

Gib, hole, lege, bringe mir ... – Erkennen

3. Stufe

Phase der Kontrolle:

Die Lehrerin zeigt auf einen Gegenstand und fragt nach dessen Namen. Das Kind besitzt nun den Begriff aktiv.

Was ist das? – Benennen durch das Kind.

Vor allem in der Mathematik kommt dieser Drei-Stufen-Lektion große methodische Bedeutung zu.

Ordnung

Zur Didaktik in der Montessori-Pädagogik

> Verlieren Sie vor allem nicht die Lust zu
> gehen: ... ich habe mir meine besten Gedan-
> ken angelaufen, und ich kenne keinen, der
> so schwer wäre, daß man ihn nicht beim
> Gehen los würde ... beim Stillsitzen aber
> und je mehr man stillsitzt, kommt einem
> das Übelbefinden nur umso näher ... Bleibt
> man so am Gehen, so geht es schon.
>
> Sören Kierkegaard,
> Brief an Jette (1874)

Der Vater der Didaktik –
Johann Amos Comenius

Den nächsten Schritt zum Verständnis der didaktischen Aspekte der Montessori-Pädagogik setzend, werden wir – im Bild des Gehens – lieber langsam *vorgehen* und noch einen Blick in schon vorhandene „Wegebeschreibungen" werfen.

Mehr als 350 Jahre sind vergangen, seit das folgende Zitat von J. Amos Comenius in seiner „Großen Didaktik" niedergeschrieben worden ist – es ist heute noch genauso aktuell wie damals und verdeutlicht ein wesentliches Kriterium einer Konzeption des Lehrens:

> Wenn man nun in jeder Stunde nur einen einzigen Satz aus einem Wissensgebiet, eine einzige handwerkliche Regel, eine einzige schöne Geschichte oder einen Sinnspruch dazulernt, was man offensichtlich mühelos kann, was für ein Schatz von Gelehrsamkeit wird da zustandekommen![79]

Didactica Magna

Oft verwischt die vielfältige Verwendung des Terminus Didaktik seine eindeutige Bestimmtheit. Es mehren sich die Diskussionen, die beinahe jede pädagogische Maßnahme adjektivisch als „didaktische" kennzeichnen. Ein Grund mehr, zu den Wurzeln zurückzugehen, zu Johann Amos Comenius:

„Didaktik bedeutet die Kunst des Lehrens". Und weiter erzählt Comenius: „Fähige Männer haben in jüngster Zeit, voll Erbarmen mit der Sisyphus-Arbeit in den Schulen, diese Kunst zu erforschen unternommen, doch mit ungleichem Mut und ungleichem Erfolg"[80]. Dennoch bezweifelt J. A. Comenius niemals den Wert und die Notwendigkeit einer guten Didaktik:

> In jüngster Zeit aber ließ Gott das Morgenrot eines neuen Zeitalters heraufziehen und berief in Deutschland einige ausgezeichnete Männer, welche, der Verwirrungen in den bisherigen Schulmethoden überdrüs-

---

79 Johann Amos Comenius, Große Didaktik, übersetzt und herausgegeben von Andreas Flitner, Stuttgart 1992 S. 84
80 Johann Amos Comenius, Große Didaktik, S. 84S. 3

sig, auf einen leichteren und kürzeren Weg sannen, die Sprachen und Künste zu lehren.[81]

Zur Bedeutung einer didaktischen Theorie

Wir gehen von dem Interesse aus, welche Bedeutung eine didaktische Theorie für die alltägliche Arbeit als Lehrer hat und versuchen eine Konkretisierung in praktischen didaktischen Fragestellungen:

Wozu eine didaktische Theorie?

- Kann ich mir von einer didaktischen Theorie erwarten, daß sie mir hilft, eine Antwort zu finden, was ich morgen, wie und warum unterrichten soll?
- Bietet sie mir Begründungen für mein Tun und Handeln in meiner beruflichen Situation, erhalte ich Orientierungshinweise, ein klares Konzept, wohin mein Weg führt?
- In welchem Zusammenhang steht eine didaktische Theorie mit meiner Lebensorientierung, mit meinem Menschenbild und meiner Auffassung meiner beruflichen Rolle?
- Erhalte ich konkrete Hinweise für meine Unterrichtsplanung?
- Besteht ein Zusammenhang zwischen einer didaktischen Theorie und den anzuwendenden Methoden?

Didaktik ist (unter anderem)

Theorie und Praxis – kein Widerspruch

- die Analyse und Planung unterrichtlicher Lehr- und Lernprozesse und deshalb kein unmittelbares Handeln sondern eine Theorie. Didaktik ist aber immer auch
- die Kritik an einer bestimmten Praxis, d.h. auf eine vorhandene und gewollte Praxis bezogen und deshalb nicht nur Theorie, sondern das Durchdenken und Verantworten von Praxis.
- Didaktik kann sich auch als Theorie der Ermöglichung, der Herstellung und Förderung jenes Ausschnittes aus dem Person-Welt-Bezug verstehen, der in planmäßigem Lehren und Lernen faßbar ist.

Nun gibt es *die* Didaktik ebenso wenig wie *die* Erziehungstheorie, *die* Lernpsychologie oder *die* Theorie der Friedenssicherung. Es gibt verschiedene Theorien und Modelle unterrichtlichen Lehrens und Lernens.

...meine Didaktik!

Wir finden bei Maria Montessori keine ausformulierte didaktische Theorie vor. Wir können hier nur versuchen, die didaktischen Aspekte des „Modells" Montessori-Pädagogik sichtbar zu machen und zu formulieren, um Antworten auf die praktischen didaktischen Fragestellungen zu erhalten. Dabei dürfen wir nicht vergessen, daß jede Lehrerin diese Antworten – fast täglich –in ihrem Leben mit den Kindern suchen muß. Die Montessori-Pädagogik wird ihr helfen, Antworten und ein eigenes Konzept zu finden, wobei sie nicht in der Dogmatik einer einzigen Theorie bleiben wird, denn

- Unterricht ist ein viel zu komplizierter Prozeß, um adäquat von *einer* Theorie erhellt zu werden;
- mehrere konkurrierende Entwürfe können der wissenschaftlichen Erkenntnis dienlicher sein als eine offiziell verordnete oder sich dogmatisch gebärdende Theorie;

---

81 Johann Amos Comenius, Große Didaktik, S. 4

- es ist durchaus legitim, von verschiedenen theoretischen Ansätzen her jeweils zu bedenken, was zur Bewältigung der eigenen anstehenden Praxis beitragen kann, und
- das Entdecken von Gemeinsamkeiten in verschiedenen Entwürfen ist nicht nur ein intellektuelles Vergnügen, sondern weist vielmehr auf die Relevanz durchgängiger Probleme des Schulalltags hin.

Die Zeitlosigkeit einer grundlegenden Didaktik

Jede in der praktischen Arbeit stehende Lehrerin wird ihren eigenen Entwurf der Arbeit mit den Kindern immer wieder mit den Grundgedanken der Montessori-Pädagogik vergleichen, die sie bestätigen oder auch modifizieren werden – und auch mit dem folgenden Anspruch an Didaktik messen, staunend über die Aktualität der vor rund 300 Jahren zu Papier gebrachten Gedanken des Schöpfers der Didactica magna:

> Erstes und letztes Ziel unserer Didaktik soll es sein, die Unterrichtsweise aufzuspüren und zu erkunden, bei welcher die Lehrer weniger zu lehren brauchen, die Schüler aber dennoch mehr lernen; und bei der in den Schulen weniger Lärm, Überdruß und unnütze Mühe zugunsten von mehr Freiheit, Vergnügen und wahrhaftem Fortschritt herrscht.[82]

---

82 Johann Amos Comenius, Große Didaktik, S. 1

Didaktischer Leitfaden – Material zur Arithmetik[83]

In Konsequenz der Anwendung der pädagogischen Grundsätze der Montessori-Pädagogik ist die folgende Darstellung des didaktischen Leitfadens der Arithmetik viel eher *„die Beschreibung der Entwicklung der fasziniert und sicher in die Welt der Zahlen eindringenden Intelligenz."*[84]

Exemplarische Ordnung

In der didaktischen Ordnung Maria Montessoris werden der in die Welt der Zahlen eindringenden Intelligenz des Kindes drei exemplarische Themen geboten. Diese Themen sind Ausgangspunkte - Martin Wagenschein nennt sie Plattformen, von denen aus weitere Entdeckungen unternommen werden können:

1. Eindringen in die Welt der Zahlen mit ihren Ausdrücken und Symbolen
2. Präsentation der dezimalen Organisation der Quantitäten - das Verstehen des Zehnersystems
3. Betrachtung des Wertes der Ziffer entsprechend ihrer Position in der dezimalen Organisation und die Operationen

Die Materialien sind den Themen zugeordnet und innerhalb der Themen in einem Aufbau dargestellt, der sich an der Entwicklung des Kindes und am logischen mathematischen Aufbau orientiert, wobei die Groborientierung im

- Begreifen und Erlernen der Zahlen,
- Begreifen und Erlernen des Zahlensystems und
- Begreifen und Erlernen der Grundoperationen besteht.

Die Ordnung im Kopf der Lehrerin

Der didaktische Leitfaden zur Arithmetik ist eine Ordnung für den Kopf der Lehrerin, um dem Kind in der Entwicklung des mathematischen Geistes zu helfen. Er ist erst in zweiter Linie eine Ordnung für Kinder. Wenn die Lehrerin ihre didaktische Ordnung einhalten kann, können die Kinder in einem wünschenswerten Maß selbst entdecken, experimentieren und forschen, um Wahrheiten immer wieder selbst zu erkunden. Der folgende Aufbau der Arithmetik ermöglicht der Lehrerin, den Überblick über die Entwicklung des Kindes zu bewahren. In dieser Ordnung kann dem Kind geholfen werden, es selbst zu tun. Folgt die Lehrerin keiner didaktischen Ordnung, wird sie dem Kind nur in unzureichender Weise helfen können.

Wir beginnen den didaktischen Leitfaden der Arithmetik mit dem ersten Zählen:

Eindringen in die Welt der Zahlen mit ihren Ausdrücken und Symbolen

Material

Erstes Zählen

Numerische Stangen
Ergänzung: *Sandpapierziffern* und *Kästchen mit Ziffern*

---

83 erstellt nach: Maria Montessori, Psychoarithmetik, Thalwil/Zürich 1989 Teil 1
84 Maria Montessori, Psychoarithmetik, S. 11

Lernbereiche

- Vage Vorstellungen zu ordnen und zu verdeutlichen
- Beziehungen zwischen den Längen der Stangen erleben
- Assoziation zwischen Zahlensymbol und Quantität

Erklärung

Maria Montessori nennt die blau-roten Stangen ein Material der festen Einheiten. Die Menge ist nicht zerlegbar. Bei der Arbeit gehen wir von dem Begreifen der Menge aus und ordnen dieser später die Zahl zu.

Orientierung an der Phylogenese

Interessanterweise orientierten sich die Menschen an festen Mengen, als sie das Zählen erfanden. So bietet Maria Montessori den Kindern zur Entdeckung des Zählens auch ein Material mit festen Einheiten.

Mit den numerischen Stangen, von denen es nicht mehr als zehn gibt, will man nichts enthüllen, sie sollen vielmehr dazu dienen, zufällig angeeignete und vage Vorstellungen zu ordnen und zu verdeutlichen.

Es genügt, dem Kind eine einfache Einführung zu geben, um sein lebhaftes Interesse am Zahlensystem zu wecken. An jeder Stange kann die Summe der aufeinanderfolgenden Einheiten bis zum Stangenende gezählt werden.

Erweiterungen: Dezimalsystem und Metrisches System

Die gestuft angeordneten Stangen dienen nicht allein dem Zählen; sie verdeutlichen auch den Zusammenhang zwischen den durch Zahlen gekennzeichneten Quantitäten sowie der gegenseitigen Stellung bezüglich der jeweiligen Quantität. Die Eins ist die erste Stange, die Zehn die letzte; die dritte liegt an dritter Stelle zwischen der Zwei und der Vier, usw. Das Interessante am System ist also nicht allein das Zählen, sondern auch die Beziehungen zwischen den Stangen.

Das System der Stangen birgt noch weitere Prinzipien in sich: Es stellt den *Kern des Dezimalsystems* und gleichzeitig das *Metrische System* dar.

Aus diesem Grund erfolgt die Einführung von „1" bis „10".

Zur Festigung dieses grundlegend wichtigen Bildes werden im nächsten Schritt die Zahlensymbole eingeführt und in einem nächsten Schritt mit den entsprechenden Quantitäten in Verbindung gebracht.

Hier sind bereits die Zahlen den Mengen zugeordnet - der erste Schritt in die Welt der Zahlen ist getan.

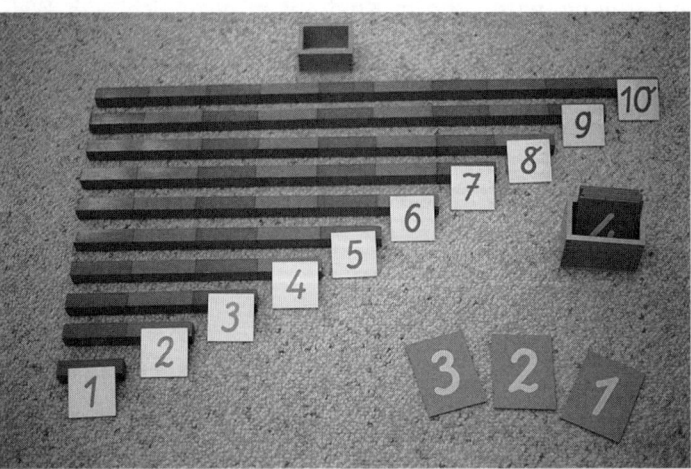

Zur Einführung der Zahlensymbole verwenden wir die Sandpapierziffern. (1, 2, 3, 4, 5, 6, 7, 8, 9, 0).

Zur Verbindung der Zahlensymbole mit den entsprechenden Quantitäten werden Ziffernkärtchen von 1-10 verwendet.

Abbildung 32: Blau-rote Stangen und Ziffernkärtchen

Es bieten sich in weiterer Folge Verschiebungs- und Vergleichsübungen an. Dabei ist darauf zu achten, daß sich alle Kombinationen innerhalb des Zehnerbereiches bewegen.

Es ist offensichtlich, daß bei jedem Zusammensetzen verschiedener Stangen eine Addition, bei jeder Zerlegung eine Subtraktion vollzogen wird.

Die Methode der Stangen kann den Erwachsenen ebenso faszinieren wie ein Kind. So könnte er beispielsweise die Beobachtung machen, daß die Anzahl der Stangen fünf beträgt, also die Hälfte von zehn, und daß eine Stange übrig bleibt, die Fünfer-Stange. Ordnet man die Stangen in besagter Weise an, dann wird klar, daß die Summe aller dargestellten Einheiten

$$5 \times 10 + 5 = 55 \text{ beträgt.}$$

Das bedeutet, daß wir ein Verfahren gefunden haben, das es auf einzigartige Weise erleichtert, die Summe aller im System enthaltenen Einheiten zu berechnen. Dazu brauchen wir lediglich die größte Zahl mit ihrer Hälfte zu multiplizieren und dann eben diese Hälfte zu addieren.

Material

Spindeln und Spindelkästen

Lernbereiche

- Bestätigung des mit den Numerischen Stangen Gelernten
- Aufmerksamkeit des Kindes wird auf die Ziffer an und für sich gelenkt

Erklärung

Maria Montessori subsumiert die *Spindeln* und die folgenden *Ziffern und Chips* unter das Material der losen Einheiten. Hier werden die Mengen aus einzelnen Einheiten gebildet.

Bei diesem Material wird die Menge der Zahl zugeordnet. Gefragt ist die einer Ziffer entsprechende Quantität. Die „10" ist in diesem Material nicht mehr existent – Begründung: Nach dem Gesetz des Zehnersystems sind pro Stellenwert

Abbildung 33: Spindelkasten

höchstens 9 Ziffern zulässig – daher 0-9. Die Arbeit mit dem Spindelkasten verdeutlich jenes Gesetz unseres Zehnersystems, das pro Stellenwert höchstens *neun* Einheiten zuläßt.

Erweiterungen: Einführung der „0"

Besonderheit: Mit diesem Material kann auch die „leere Menge" (0) eingeführt werden.

Material

Ziffern und Chips

Lernbereiche

- Richtige Reihenfolge der Ziffern
- Anzahl der Objekte (Quantitäten) zuordnen
- Legen der Zweierreihe

Erklärung

Gerade und ungerade

Ordnung und Zuordnung

Bei diesem Material der losen Einheiten kann sowohl die Menge der Zahl als auch die Zahl der Menge zugeordnet werden. Gefragt ist die richtige Reihenfolge und die Zuordnung der entsprechenden Quantität. Die Erweiterung besteht bei diesem Material im Erleben von geraden und ungeraden Zahlen.

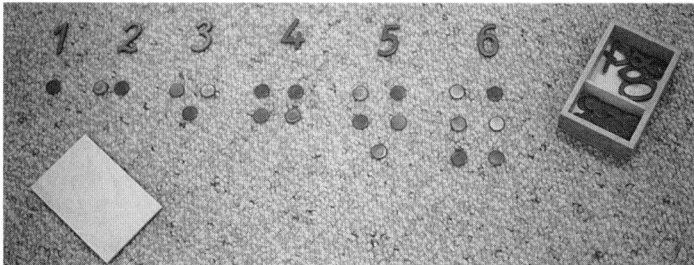

Abbildung 34: Ziffern und Chips

Präsentation der dezimalen Organisation der Quantitäten – das Verstehen des Zehnersystems

Das Dezimalsystem ist die Grundlage für das Ordnen der Zahlen. Das Rechnen ist nichts anderes als die weitgehende Abkürzung des Zählvorganges.

Das Verstehen des Systems - ein notwendiger Lernschritt

Die ersten Grundsteine des Dezimalsystems wurden bereits bei der Arbeit mit den numerischen Stangen gelegt: mit dem Zählen der Quantitäten innerhalb des ersten Zehners und mit der Feststellung, daß diese durch neun Zeichen und die Null dargestellt werden.

Der Schlüssel des Dezimalsystems liegt im letzten Übergang von der Neun zur Zehn. Sobald nämlich die Anzahl von neun Einheiten überschritten wird, gibt es zur Darstellung der neuen Gruppe keine Ziffern mehr, und man muß wieder von vorne anfangen, indem man die Ziffer Eins verwendet.[85]

Es ist die Position der Ziffer, welche die verschiedenen dazugehörenden Werte angibt. Was hingegen den *absoluten* Wert betrifft, so ist dieser an jeder der drei angegebenen Positionen der gleiche.[86]

$$
\begin{array}{ccc}
\text{H} & \text{Z} & \text{E}^{87} \\
1 & 1 & 1 \\
2 & 2 & 2 \\
3 & 3 & 3 \\
& \text{usw.} &
\end{array}
$$

Wir finden in unserem System nur *neun Zeichen und die Null*. Diese Zeichen werden zum Erreichen von mehr Klarheit in Stellenwerte geordnet.

Klarheit durch Ordnung

Einführung in das Zehnersystem - Aufreihung der Quantitäten und der dazugehörenden Kärtchen

Material zur Darstellung des Zehnersystems

Goldenes Perlenmaterial und Ziffernkarten

Lernbereiche und Lernschritte

1. Schritt:

Dreistufenlektion: Einführung der Begriffe des Zehnersystems

Benennung: Einer, Zehner, Hunderter, Tausender

Abbildung 35: Material zur Einführung in das Zehnersystem

---

85 Maria Montessori, Psychoarithmetik, Thalwil/Zürich, Teil 1 1989, S. 30

86 Maria Montessori, Psychoarithmetik, S. 31

87 Hunderter, Zehner, Einer

2. Schritt:

Wir bauen zuerst die Stellenwerte mit dem Goldenen Perlenmaterial auf. Der Wechsel erfolgt immer nach 9 Einheiten.

3. Schritt:

Wir zeigen, daß in jedem Stellenwert 10 des jeweils vorhergehenden enthalten sind.

4. Schritt:

Darstellung des Materials in einer Form, die die Idee des Zehnersystems an sich widerspiegelt – Gesamtaufbau des Zehnersystems – Material und Ziffernkarten. Bildung großer Zahlen!

Von jedem dieser Gegenstände des Goldenen Perlenmaterials gibt es in der Folge 45, also genau die Summe der in der Zahlenreihe von eins bis neun enthaltenen Einheiten.

Der Aufbau des Zehnersystems mit dem Goldenen Perlenmaterial und den Ziffernkarten

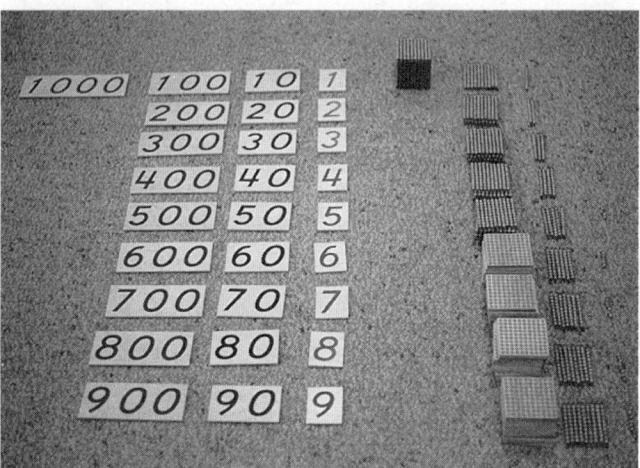

Abbildung 36: Zehnersystem – Aufbau

Bei dieser Arbeit festigt sich die Erkenntnis, daß es für jeden Stellenwert lediglich neun Einheiten gibt. Haben die Kinder diese Ordnung verstanden, so macht ihnen die Bildung großer Zahlen keine Schwierigkeiten mehr. So kann auch das Interesse der Kinder an großen Zahlen didaktisch fundiert befriedigt werden.

5. Schritt – Ergänzung:

Nachdem wir das Zehnersystem aufgebaut haben, gehen wir nun daran, den Zehner „aufzubrechen". Er besteht ja schließlich aus zehn Einern.

Überleitung zur weiteren Arbeit

Ausgangspunkt ist bei Maria Montessori meist die „allgemeine" Situation, oder wie sie es noch nennt „das Ganze". Die Einzelheiten fügt sie in ihrem pädagogischen Verständnis später ein. Jedoch kann das Erlernen der Einzelheiten auch gleichzeitig erfolgen. Dazu ist kein besonderes didaktisches System erforderlich. Aber: Alle Einzelheiten müssen gelernt werden.

Parallelübungen

Hat das Kind das Zehnersystem verstanden, können nun „Einzelheiten" eingefügt werden. Dazu werden sogenannte Parallelübungen angeboten.

Parallelübungen

Parallelübungen werden jene genannt, die gleichzeitig durchgeführt werden können und die sich auf die Einzelheiten desselben Grundwissens oder auf verschiedene seiner Aspekte beziehen, unter denen die selben Einzelheiten betrachtet werden können. Eine Übung muß immer einen bestimmten Zweck verfolgen, um interessant zu sein. Dies dient nicht nur der Vertiefung der Kenntnisse sondern auch der größeren Klarheit. Dagegen würden außerhalb des Ganzen erlernte Einzelheiten in den meisten Fällen lediglich die Sicht auf dieses Ganze trüben.[88]

Sinn der Parallelübungen

Bei dieser ersten Gruppe von Parallelübungen zum Zehnersystem besteht die wichtigste Absicht darin, den Übergang von der 9 zur 10, also die Brücke, die zwischen zwei aufeinanderfolgenden Stellenwerten liegt, zu demonstrieren und zu illustrieren.

Material

Buntes Perlenmaterial

1. Übung
2. Treppe oder Dreieck
3. Übung

Dreieck und Treppe und Kombination des Zehners

Lernbereich

• Aufbau des Bildes, das die Kombination des Zehners mit den verschiedenen Gruppen von Einheiten beinhaltet.

Abbildung 37: Buntes Perlenmaterial

Material

Seguinbrett (10-19)

Erweiterung des Zahlenraumes

Lernbereich

• Verbindung von System und Zahlen in der Erweiterung des Zahlenraumes

Material

Die Zahlwörter auf Wortkärtchen in der Stellenwertfarbe

Abbildung 38: Seguinbrett und buntes und goldenes Perlenmaterial

---

88 Maria Montessori, Psychoarithmetik, Thalwil/Zürich, Teil 1 1989, S. 36

Nun geht es darum, die vorangehenden Übungen durch das Kennenlernen der Zahlwörter zu ergänzen.

Wortzusammensetzung mit Hilfe von Kärtchen:

grün   blau

elf

zwölf

drei	zehn
vier	zehn
fünf	zehn

usw.

Material

Seguinbrett (10-99)

Lernbereich

- Erweiterung des Zahlenraumes
- Verbindung von System und Zahlen in der Erweiterung des Zahlenraumes

Erklärung

Durch diese Arbeit wird auch das *Verständnis des Zehnersystems* gefestigt, der *Aufbau des Zählens* in einem größeren Zahlenbereich wiederholt und nochmals *Klarheit in den Gruppen* der Stellenwerte gewonnen.

Hundert linear   ## Material

Die Hunderterkette

Lernbereiche

- Lineare Zerlegung des Quadrates
- Fortschreitendes Zählen

Erklärung

Dem Kind begegnet bei dieser Arbeit eine weitere Darstellung des Hunderters. Die geometrische Form des Hunderters - das Quadrat - wird nun zerlegt und linear dargestellt, eventuell wieder zusammengesetzt. Die Arbeit ist für den Aufbau der mathematischen Vorstellungskraft des Kindes von großer Bedeutung.

Verdeutlichung einer Vorstellung

Material

Tausenderkette

Lernbereiche

- Lineare Zerlegung des Würfels
- Fortschreitendes Zählen
- Aufbau einer deutlichen Vorstellung von den quantitativen Beziehungen

Lineare Ordnung des Zählens mit den Ketten

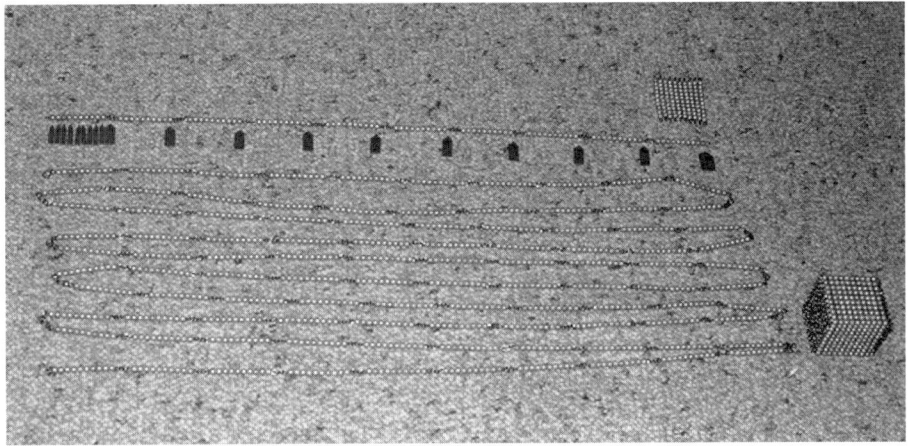

Abbildung 39: Hunderter- und Tausenderkette

Material

Schlangenspiel zur Addition

Schlangenspiel zur Subtraktion

Hohe Konzentration

Lernbereich

- Zählen und Quantitäten, die kleiner als 10 sind, in ZEHNER – die Grundsteine des Zehnersystems – umwandeln.
- Hervorhebung des Mechanismus des Zählens von Einergruppen im Zehnersystem
- Lineares Addieren und Subtrahieren

Erklärung

Durch diese Arbeit wird nochmals die Orientierung innerhalb des Systems gefestigt. Sie ermöglicht Kindern im Vergleich zur Arbeit mit dem Seguinbrett und den Ketten einen anderen Blickwinkel auf die beiden Themen „Zahlen" und „System".

Arbeit mit der positiven Schlange

Abbildung 40: Positives Schlangenspiel

Addieren und Subtrahieren mit Übergängen des Zehners

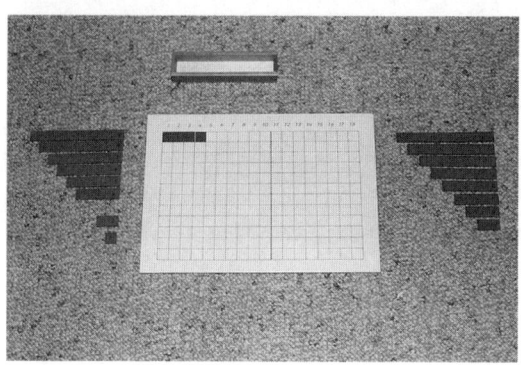

Abbildung 41: Additionsbrett

Material

Tafeln der Übergänge: Additionsbrett und Subtraktionsbrett

Lernbereiche

- Überschreiten der 10 sichtbar machen
- Einführung der Addition
- Unterschreiten der 10 sichtbar machen
- Einführung der Subtraktion
- Zerlegungen
- Orientierung im System

In Kombination dazu:

Material

Rechnungstafeln - Tafeln I-IV

Lernbereich

- Erkennen von Regelmäßigkeiten

Erklärung

Wichtig bei der Arbeit mit den Rechnungstafeln ist das Erkennen von Kombinationen, z.B. 3+7=10 und 7+3=10. Kinder erkennen, daß sich aus den vertauschten Komponenten wieder das gleiche Ergebnis ergibt. Nun ist ja jede aus ungleichen Gruppen bestehende Kombination zweimal vorhanden. Diese vertauschten Doppelausführungen können aus einer zusammenfassenden Tafel, die alle möglichen Kombinationen zeigen soll, weggelassen werden. So wird auch ein Grundsatz Maria Montessoris im Studium der Mathematik erfüllt: *Das Notwendige ist ausreichend.*[89]

---

89 Maria Montessori, Psychoarithmetik, Thalwil/Zürich 1989, S. 49

Betrachtung des Wertes der Ziffer entsprechend ihrer Position in der dezimalen Organisation und die Operationen

Operationen und Zehnersystem

Bei den numerischen Quantitäten existiert eine bereits bestehende Vorschrift, welche die Vereinigung nach einem Gesetz leitet. Was also eine arithmetische Operation, z.B. die Addition, charakterisiert, ist nicht das Zusammenfügen von Quantitäten, sondern die Verteilung der verschiedenen Einheiten gemäß dem Zehnersystem. Es gibt demnach nichts zu lernen, was die Operationen an sich betrifft, wenn dem Zehnersystem die ganze Beachtung geschenkt wird, die ihm wirklich zusteht.

Die Operationen bestehen darin, *gleiche* (Multiplikation) oder *ungleiche* (Addition) Dinge zusammenzufügen oder *von einem Ganzen* (Subtraktion) einige seiner Teile wegzunehmen oder das Ganze *auf gleiche Teile* (Division) zu verteilen.

Was dann *innerhalb* der Zahlen geschieht, betrifft das *Zehnersystem* und *nicht* die Operationen.

Material

Addition mit Hundertern und Tausendern

Goldenes Perlenmaterial (und Ersatzmaterial) und Ziffernkarten

Lernbereiche

* *Addition* von großen Zahlen = Zusammenfügen ungleicher Dinge

Wir führen die Operationen mit dem Goldenen Perlenmaterial mit großen Zahlen ein.

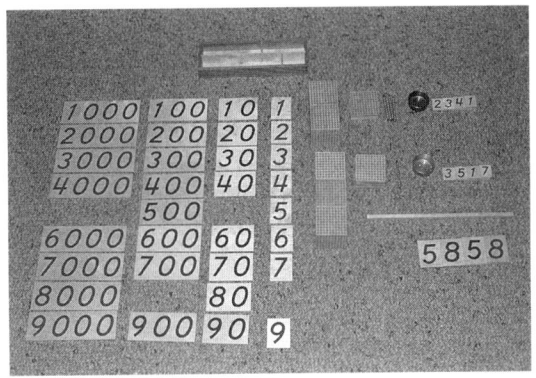

Abbildung 42: Goldenes Perlenmaterial - Addition

Multiplikation mit großen Zahlen

Anordnung des Goldenen Perlenmaterials bei der Einführung der Addition

* *Multiplikation* großer Zahlen = Zusammenfügen gleich großer Quantitäten[90]

Es ist nicht das Zehnersystem, das die Addition von der Multiplikation unterscheidet, sondern allein die Tatsache, daß man, weil es hier um gleiche Dinge geht, sich das Ergebnis einprägen kann, ohne ein Ding nach dem anderen zu zählen. Daher ist es ein Mechanismus des menschlichen Gedächtnisses und nicht eine den Zahlen innewohnende Eigenschaft, was den Unterschied zwischen der Multiplikation und der Addition ausmacht.[91]

* *Subtraktion* von großen Zahlen: Gegeben ist eine Summe. Bestimme die Zahl, die übrig bleibt.

Wichtig: Es existiert nur *eine* effektive Quantität!

---

90 Es ist also wichtig, die Kinder darauf aufmerksam zu machen, daß die Multiplikation eine Addition von gleichen Teilen ist.

91 Maria Montessori, Psychoarithmetik, S. 56

Die Subtraktion zeigt die Kehrseite des Schlüssels des Zehnersystems. Zerlegung einer Quantität (auch Ziffernkärtchen) in eine oder mehrere ungleiche Teile

- *Division* großer Zahlen = Zerlegung in zwei oder mehrere gleiche Teile

Auch hier besteht nur eine einzige effektive Quantität. Diese wird in gleiche Teile geteilt.[92]

Achtung: Die (Auf)Teilung beginnt beim größten Stellenwert!

Was wollen wir wissen? Wieviel ein Einer bekommt! Dabei ist darauf zu achten, daß jeder Stellenwert gleich viel bekommen muß!

Erklärung

Alle Operationen werden in aktiver Weise eingeführt.

Beispiel anhand einer möglichen Einführung der Division, wobei eine Quantität unter verschiedene Personen, d.h. unter die Kinder selbst aufgeteilt wird.

Auf einem Tisch liegt die folgende Quantität:

Zwei Würfel, sechs Quadrate, vier Stäbchen und acht Perlen, also die Zahl 2648. Zwei Kinder kommen, um sie in zwei gleiche Teile aufzuteilen; zu diesem Zweck nimmt jedes die gleiche Quantität. Am Anfang nimmt jedes Kind einen von den größten, wertvollsten und daher auch wichtigsten Gegenständen, nämlich von den Würfeln. Nachdem diese aufgebraucht sind, gehen sie zu den Quadraten über, indem sie eins nach dem anderen wegnehmen, solange welche da sind; damit hat jedes drei. Zu den Stäbchen übergehend, nehmen sie nacheinander je zwei; schließlich teilen sie sich die Perlen, nehmen dabei eine nach der anderen, sodaß jedes Kind vier hat.

So sind aus der ursprünglichen Quantität zwei gleiche Teile entstanden, von denen jedes aus einem Würfel, drei Quadraten, zwei Stäbchen und vier Perlen besteht und damit die Zahl 1324 darstellt.[93]

Es gibt eine didaktisch-methodische Reihenfolge der Arbeiten:

Reihenfolge der Einführung

Der erste Durchgang bei allen Einführungen wird ohne Wechsel des Stellenwertes durchgeführt. Erst in den weiteren Darbietungen wird der Stellenwert auch gewechselt, und die Kinder tauschen bzw. zerlegen. Dazu wird das Bankspiel eingeführt. Der Tauschvorgang ist den Kindern aber schon bekannt. Die einzelnen Operationen werden in der Reihenfolge eingeführt, wie sie im Leitfaden aufscheinen.

Parallelübungen

Diese Parallelübungen beziehen sich auf Operationen mit großen Zahlen. Die Arbeit vollzieht sich bei diesen Parallelübungen in der Regel auf einem höheren Abstraktionsniveau als die Arbeit mit dem Goldenen Perlenmaterial. Teilweise besitzen die folgenden Materialien für die mathematische Entwicklung des Kindes auch einen erweiternden Aspekt.

Material

Markenspiel

---

92 Hinweis: Soziale Organisation vor allem bei der Division durch mehrstellige Zahlen
93 Vgl. Maria Montessori, Psychoarithmetik, S. 61ff.

Lernbereich

- Grundlegende Parallelität der Operationen auf einer höheren Abstraktionsstufe

Erklärung

Im Vergleich zur Arbeit mit dem Goldenen Perlenmaterial ist die Arbeit mit dem Markenspiel ein nächster Abstraktionsschritt im Erlernen der Mathematik. Geübt werden das *intensive Wechseln zwischen den Stellenwerten* und *das Festigen des Bewußtseins* durch *das Hantieren mit Stellenwerten*. Als Erweiterungen kommt der Umgang mit Schwierigkeiten bei den Operationen dazu: z.B. Dividieren mit Nullstelle im Dividend.

Übungen und Erweiterungen

Beispiel einer Division mit Nullstelle im Divisor

Abbildung 43: Division mit dem Markenspiel

Material

Goldenes Perlenmaterial und Buntes Perlenmaterial

Lernbereiche

- Arithmetische Operationen haben oft eine geometrische Entsprechung;
- Verbindung zwischen Arithmetik und Geometrie bei der Multiplikation
- Die Multiplikation zweier ungleicher Faktoren ergibt ein Rechteck, die Multiplikation zwei gleicher Faktoren den Sonderfall Quadrat.
- Das Produkt bleibt bei Vertauschung der Faktoren gleich.
- Unterscheidung der Begriffe Multiplikand und Multiplikator.

Rechteck und Quadrat und das Einmaleins

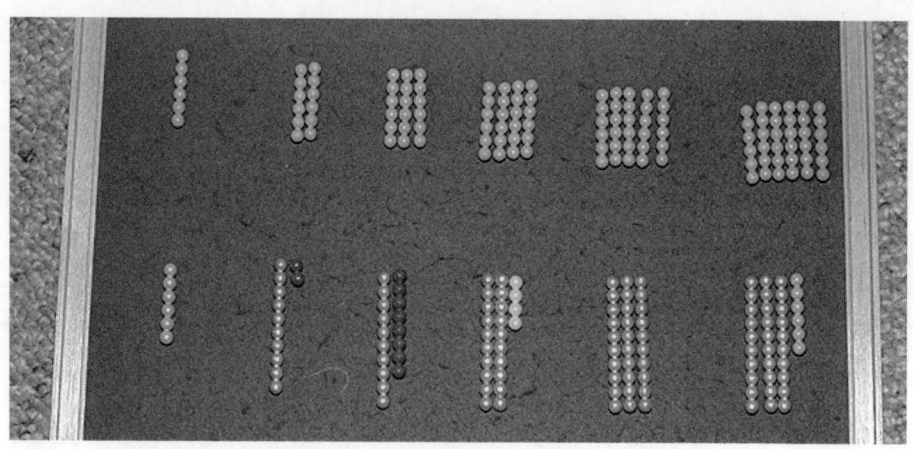

Abbildung 44: Goldenes und Buntes Perlenmaterial in Kombination

Erklärung

Durch diese und die folgenden Arbeiten erleben Kinder immer wieder die Beziehung zwischen Arithmetik und Geometrie. Operationen mit abstrakten Zahlen können mit Materialien in ihrer geometrischen Entsprechung dargestellt werden. Gerade die Darstellung dieser Entsprechung ist für den Aufbau der mathematischen Vorstellung im Kind von großer Bedeutung. Beispiele sind die aus mehreren Gliedern gebildeten Quadrate, das Wurzelziehen, das Quadrieren, das Kubieren, die Tafel des Pythagoras u.a.m.

Von der zweiten in die dritte
Dimension

Material

Bunte Perlenkästen, Quadrate und Kuben für das decanomische Quadrat

Decanomisches Qaudrat und
Turm der Kuben

Abbildung 45: Quadrat und Turm

Lernbereiche

- Das Legen des Decanoms ist für kleine Kinder eine Übung der Sinne.

- Diese Übung ermöglicht das spätere Verstehen geometrischer Strukturen und deren arithmetischer Entsprechung.

- Das Begreifen von algebraischen Funktionen

Erklärung

Der Weg von der zweiten in die dritte Dimension, d.h. die Umwandlung dieses Quadrates in diesen Turm, funktioniert nur unter folgenden Bedinungen:

$$(1+2+3+4+5+6+7+8+9+10)^2 =$$
$$1^3+2^3+3^3+4^3+5^3+6^3+7^3+8^3+9^3+10^3$$

Diese Arbeit - und für die meisten Kinder auch die Erkenntnis - ist ohne Material nicht leistbar. Erst durch das oftmalige Tun, durch das Begreifen, erschließt sich in späterer Folge die Erkenntnis.

Material

Binomisches und Trinomisches Quadrat und Goldenes und Buntes Perlenmaterial

Eine immer wiederkehrende Struktur

Lernbereich

- Multiplikation mit 2 Gliedern, mit 3 Gliedern usw. und Erleben der gleichbleibenden geometrischen Struktur.

Abbildung 46: Binomische Struktur　　*Abbildung 47: Trinomische Struktur*

Material

Wurzelbrett und Leitquadrate

Quadrieren und Wurzelziehen

Lernbereich

- Verstehen des Wurzelziehens
- Erweiterung der vorangegangenen Arbeiten

Strukturen in der dritten Dimension

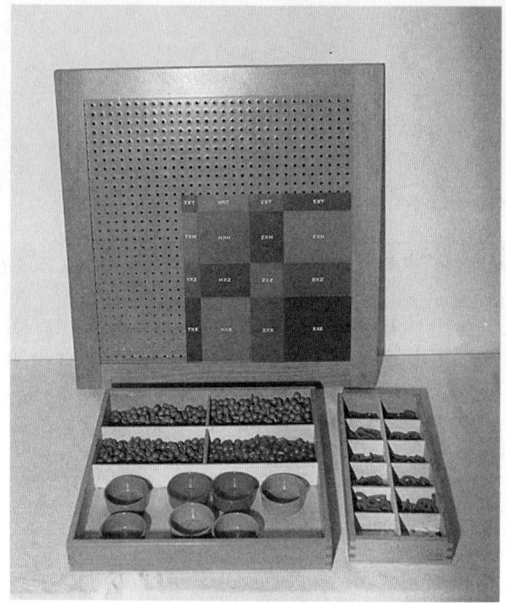

Abbildung 48: Leitquadrate und Wurzelbrett

Erklärung

Verstehen des Quadrierens und seiner Umkehrung, des Wurzelziehens. Wurzelziehen als die Suche nach der Seite des größtmöglichen Quadrates in einer bestimmten Quantität

Material

Trinomischer und Binomischer Kubus

Lernbereich

• Aufbau der dritten Dimension

Erklärung

Mit diesem Material sind auf jeder Altersstufe der kindlichen Entwicklung andere Erkenntnisse und Erfahrungen möglich. Für eine Kleinkind sind die Kuben wahrscheinlich dreidimensionale Puzzles. Das oftmalige Tun ermöglicht in einem höheren Alter die algebraischen Erkenntnisse, wie z.B. $(a+b)^3 = a^3 + 2a^2b + 2ab^2 + b^{3..}$

Material

Kasten zum Kubikwurzelziehen

Lernbereich

• Differenzierter Aufbau der allgemeingültigen geometrischen Struktur in der dritten Dimension.

Multiplikation – Entdeckung und Festigung

Material

Multiplikationsbrett (klein) und Pythagoräische Tafel

Lernbereich

• Kleines Einmaleins

Erklärung

Bildung aller möglichen Kombinationen (55), die sich auf jede Zahl bis zehn beziehen. Kein Auswendiglernen, sondern Erarbeitung.

Auswendiglernen der Ergebnisse kommt erst als Ergänzung nach dem Verstehen des Kommutativgesetzes und der Regelmäßigkeit des Einmaleins. Die gesamte Arbeit wird unterstützt von den Materialien des *Multiplikationsbrettes* und der Pythagoräischen Tafel.[94]

Alle möglichen Kombinationen (55) werden nochmals deutlicher erlebbar.

1	2	3	4	5
2	4	6	8	
3	6	9		
4	8			
5				

Selbstverständlich gibt es auch für diesen Bereich *Kontrolltafeln*.

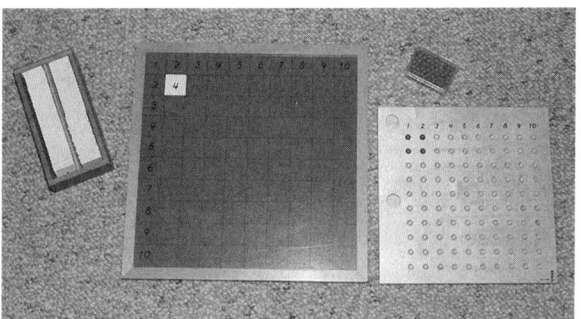

Abbildung 49: Multiplikationsbrett und Tafel des Pythagoras

Die Parallelität der beiden Materialien Kleines Multiplikationsbrett und Tafel des Pythagoras

Material

Großes Multiplikationsbrett (Schachbrett)

Lernbereich

- Einführung und Übung der Multiplikation mit großen Zahlen bis zur schriftlichen Form ohne Zuhilfenahme des Materials.

Darstellung der schriftlichen Form der Multiplikation nach dem Material:

Abbildung 50: Großes Multiplikationsbrett

Arbeit an der Multiplikation mit großen Zahlen zur schriftlichen Form

Multiplikation – zur schriftlichen Form

---

94 Vgl. Maria Montessori, Psychoarithmetik, S. 77

HM	ZM	M	HT	ZT	T	H	Z	E		H	Z	E
			7	1	4	5	2	3	x	3	2	4
2	1	4	3	5	6	9						
	1	4	2	9	0	4	6					
		2	8	5	8	0	9	2				
2	3	1	5	0	5	4	5	2				

Addition und Subtraktion – zur schriftlichen Form

Material

Großer Rechenrahmen

Lernbereich

Arbeit im Stellenwertsystem zur Festigung der schriftlichen Form

- Übung der arithmetischen Operationen Addition und Subtraktion, ev. auch der Multiplikation[95]

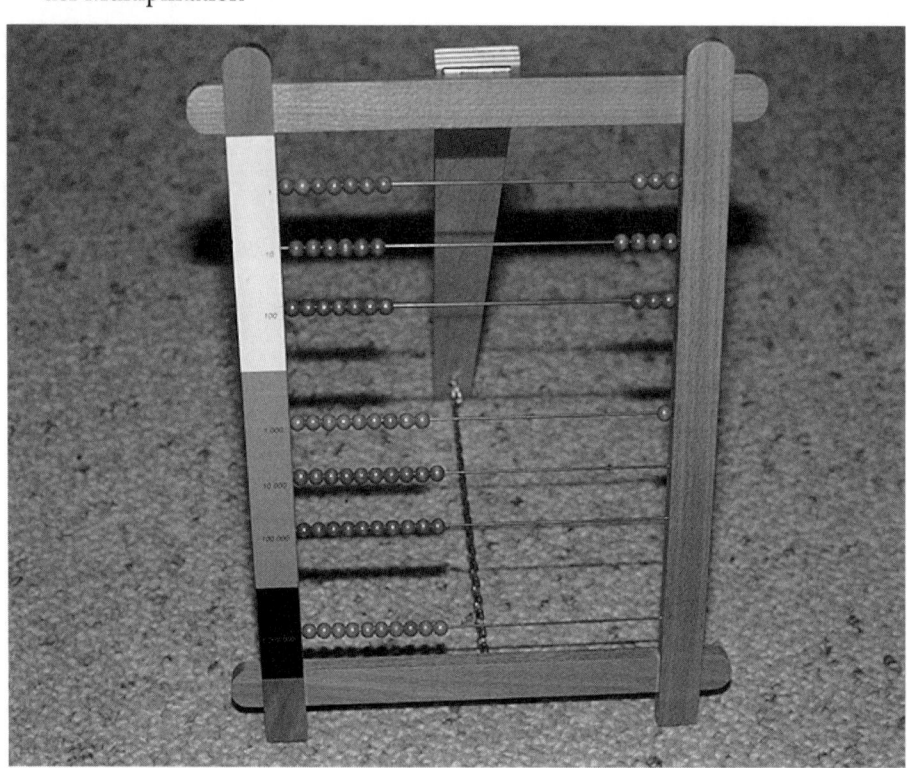

Abbildung 51: Großer Rechenrahmen

---

95 In der heutigen Praxis werden auf dem großen Rechenrahmen nur Aufgaben mit einstelligem Multiplikator gerechnet. Da die Multiplikation mit mehrstelligem Multiplikator auf dem großen Rechenrahmen sehr kompliziert auszuführen ist, wird für diese Aufgabe das Schachbrett verwendet.

Darstellung der schriftlichen Form der Subtraktion nach dem Material:

H	Z	E	
5	132	14	14 minus 6; 12 minus 4; 5 – 2
- 2	4	6	Sprechweise als Subtraktion;
2	8	8	keine schriftliche Ergänzung

Erst wenn die Anstrengung um Erforschung, die Klarheit der Tatsache und die Überzeugung uns zu Herren über ein Vorgehen gemacht haben, versuchen wir, das verfolgte Ziel auf dem kürzesten Wege zu erreichen.[96]

Material

Divisionsbrett (klein) und Divisionsbretter für große Division

Lernbereiche

- Einführung der Division im Sinne des Aufteilens (Jedes Männchen bekommt ...)
- Division großer Zahlen durch mehrstellige Zahlen, Probe und Ähnlichkeiten durch große Multiplikation
- Didaktischer Aufbau der Division – exemplarisch:

1. Kinder teilen auf: Jedes Kind bekommt gleich viel. Wieviel bekommt ein Kind?
2. Die Arbeit auf dem „kleinen" Divisionsbrett.
3. Aktive Einführung mit dem Goldenen Perlenmaterial (tauschen).
4. Spiel: Der Zehner muß zehnmal so viel bekommen wie der Einer.
5. Arbeiten mit dem Markenspiel (Arbeit mit Schwierigkeiten)
6. Große Division: zweistelliger Divisor, dreistelliger Divisor, vierstelliger Divisor
7. Schriftliche Form

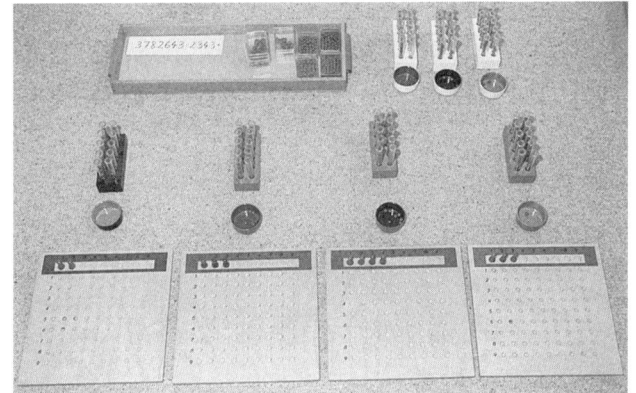

Bretter und Röhrchen zur Arbeit an der Division mit großen Zahlen

Abbildung 52: Große Division

96 Maria Montessori, Psychoarithmetik, S. 103

Darstellung der schriftlichen Form der Division nach dem Material:

M	HT	ZT	T	H	Z	E
2	6	5	4	6	4	3
2	5	3	6			
	1	1	8	6		
-	0	0	0	0		
	1	1	8	6	4	
-	1	0	1	4	4	
	-	1	5	2	1	6
			1	9	8	7 R

T	H	Z	E		T	H	Z	E		T	H	Z	E
2	5	3	6	:					=	1	0	4	6

Die Million

Die geometrische Form der Stellenwerte: Punkt, Linie, Fläche

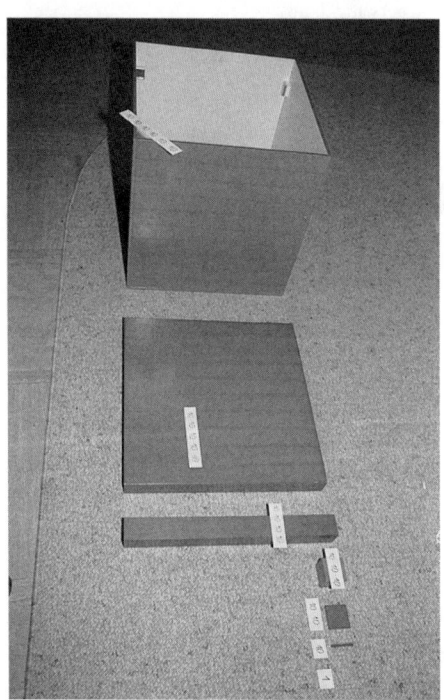

Abbildung 53: Die Hierarchie der Zahlen

Material

Hierarchie der Zahlen

Lernbereich

- Verstehen der Stellenwerte gemäß dem Zehnersystem
- 9 Ziffern und 3 Ordnungen (Einer, Zehner, Hunderter)
- Darstellung der Wiederholung der Stellenwerte in einem unendlichen Zahlenraum (in geormetrischer Form).

Erklärung

Das Kind lernt nicht, indem es eine Erklärung anhört. Es vertieft seine Kenntnisse nur, indem es einer aktiven Arbeit nachgeht, und oft übt es lange und geduldig dieselbe (bereits verstandene) Sache.[97]

Da sich der didaktische Leitfaden an den erschienenen Werken Maria Montessoris orientiert, wird er – wie diese Werke (Psychoarithmetik, Psychogeometrie) – unvollständig sein. Ergänzungen finden sich noch im didaktischen Leitfaden zur Geometrie

---

97 Maria Montessori, Psychoarithmetik, S. 91

Didaktischer Leitfaden – Materialien zur Geometrie[98]

Die Arbeit an der Entwicklung des „mathematischen Geistes" des Kindes im Bereich der Geometrie kann nur die Fortsetzung der schon bisher gemachten Erfahrungen des Kindes sein. Wir versuchen nun die Arbeit des Kindes nach einer didaktisch strukturierten Ordnung anzuleiten und bauen auf der Grundlage der bisherigen

Ausgangspunkt Dreidimensionalität

- räumlichen Erfahrung,

- Bewegungserfahrung,

- der Sinneswahrnehmungen und

- spezifischer Materialerfahrung auf,

die z.B. bei den Arbeiten mit dem *Rosa Turm,* der *Braunen Treppe* und den *Roten Stangen* von den Kindern schon gemacht worden sind. Der Weg des Lernenden führt vom *Bekannten zum Unbekannten.*

Ein grundlegender didaktischer Ausgangspunkt ist die *Dreidimensionalität* und die Erfahrungen des Kindes damit.

Einen wichtigen Abstraktionsschritt vollzieht das Kind von der räumlichen Wahrnehmung zur Erfassung der Fläche und zur Erarbeitung einer bestimmten Fläche, dem Dreieck.

Der didaktische Weg führt von der *Dreidimensionalität* zur *Zweidimensionalität,* zur *Eindimensionalität* und zur *Zahl.* Hier begegnet uns wieder die Verbindung von Arithmetik und geometrischer Entsprechung bzw. – nun von einem anderen Standpunkt aus gesehen – zwischen Geometrie und arithmetischer Entsprechung.

Von der Drei- zur Zweidimensionalität

Analog zum Leitfaden für Arithmetik wird der Leitfaden zur Geometrie ebenso in exemplarischen Themen dargestellt:

1. Von der Erfassung des Ganzen zum Detail – vom Körper zur Fläche

2. Das Eindringen in die Welt der Fläche über die Grundfläche aller Flächen, dem Dreieck

3. Die Bestimmung der Quantität einer geometrischen Figur

4. Die in gleiche Teile gebrochene Fläche – das Bruchrechnen

Ich möchte noch einmal betonen: Es sind nicht die Kinder, die sich an diese didaktische Ordnung halten werden. Sie soll eine Hilfe für die Arbeit der Lehrerin mit den Kindern sein.

---

98 Orientierungen habe ich erhalten in: Projectgroep Montessori APS, WERKBOEK GEOMETRIE; Holland 1992 und

Maria Montessori, Psico Geometria, El estudio de la geometria basado en la psicologia infantil, Barcelona 1934

Von der Erfassung des Ganzen zum Detail - vom Körper zur Fläche

Material

Grundlegende Erkenntnisse mit verschiedenen Materialien

Konstruktive Körper und die dazugehörenden Flächen (und Fingerfarben), Braune Treppe, Rosa Turm und Kreise, Dreiecke, Quadrate

Lernbereich

- Erfahrungen mit verschiedenen geometrischen Körpern
- Vom Körper zur Fläche

Erklärung

Abnehmen der Flächen von den Körpern

Maria Montessori geht von der ganzheitlichen Erfahrung des Kindes aus, seinem Begreifen der Umwelt und dem Begreifen der das Kind umgebenden Gegenstände. Daher wird den Kindern zuerst die Arbeit mit den Körpern angeboten. Erst in einem zweiten Schritt gibt sie dem Kind das Detail, aus dem die Ganzheit wieder erschließbar ist - die Fläche.

Kreise, Dreiecke und Quadrate

Nach dem Abnehmen der Flächen von den Körpern beginnt eine unstrukturierte und kreative Arbeit mit Flächen. Erst wenn diese Arbeitsphase vorbei ist, die Kinder in und von ihrer Eigentätigkeit anscheinend gesättigt sind, beginnen wir die Arbeit der Strukturierung und der Benennung durch die entsprechenden Darbietungen.

Erste Experimente mit Flächen

Abbildung 54: Zusammenhänge erkennen

Material

Kisten mit dreifärbigem Material und Kasten und die eingeschriebenen und umschreibenden Figuren

Lernbereich

- Kombinationen
- Diagonale dieser Fläche paßt genau in eine nächstgrößere Fläche
- Inkreis wird Umkreis des nächstkleineren Quadrates
- Bilder legen, z. B. Schnecke
- Beispiel: Inkreis und Umkreis des Dreieckes

Erklärung

Auch diese Arbeit ist noch eine scheinbar „didaktisch unstrukturierte" Arbeit. Doch während der Arbeit werden für die Kinder Regelmäßigkeiten und Strukturen erkennbar. Die Arbeit mit diesem Material führt zu einer Ordnung bzw. zu verschiedenen Ordnungen und sie regt zu weiteren Entdeckungen an.

Abbildung 55: Geometrische Körper

Entdecken von Ordnungen

Erste Arbeit – vom Körper zur Fläche

Das Eindringen in die Welt der Fläche über die Grundfläche aller Flächen, das Dreieck

Die Entdeckung des Dreiecks und seiner Beziehungen zu anderen Flächen

Materialien mit vorgegebenen Flächen

Material

Konstruktive Dreiecke

Rechteckkasten (bunt)

Lernbereiche

- Klarheit der Arbeit und der Erkenntnis
- Mögliche Zusammensetzung der Dreiecke
- Bildung von Parallelogrammen aus Dreiecken: Rechteck, Quadrat, Deltoid, Rhombus, Rhomboid und Trapez

Erklärung

Das Dreieck als Grundfläche aller Fläche - alle Flächen konstruieren über das Dreieck.
In Kombination dazu: *Rechteckkasten* mit blauen Dreiecken

Dreieckkasten

Lernbereiche

- Klarheit der Ordnung (inhaltlich und im Kasten)
- Teilung des Dreiecks: nach der Höhe, der Winkelsymmetrale und der Seitenhalbierenden
- Kasten bereitet abstraktes Verständnis auf Bild- und Handlungsebene vor.

Großer Sechseckkasten

Lernbereiche

- Entdecken von Beziehungen und Gleichwertigkeiten
- Beziehung Dreieck und Sechseck
- Das Sechseck besteht aus ... Dreiecken, ... Rauten ...

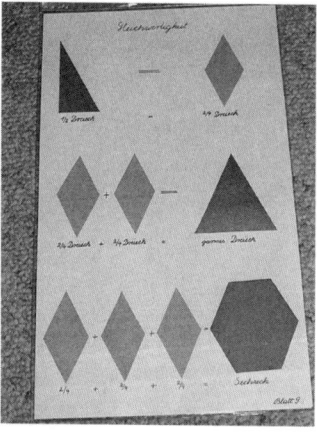

Abbildung 56: Konstruktive Dreiecke

Kleiner Sechseckkasten

- Weitere Entdeckungen
- Erweiterung: Dreieck und Trapez; Trapez und Sechseck

Erklärung

Beginn der strukturierten Arbeit mit den Konstruktiven Dreiecken erfolgt entweder mit dem kleinen Dreieckkasten oder mit dem Rechteckkasten. Der Rechteckkasten führt in das Grundthema der Konstruktion der Flächen über das Dreieck ein, der Dreieckkasten ist der am klarsten strukturierte und erklärt das Dreieck selbst.

Material

Demonstrationsrahmen zur Geometrischen Kommode: Quadrat, Kreis, Dreieck[99]
Geometrische Kommode
Geometrische Karten zur Geometrischen Kommode

---

99 Erklärung der Auswahl im Demonstrationsrahmen: Das Dreieck ist die Grundfigur in der zweiten Dimension. Alle Vielecke konstruieren über das Dreieck. Der Kreis ist das vollkommene Vieleck mit unendlich vielen Ecken. Mit dem Quadrat werden Flächen gemessen.

Lernbereiche

- Kennenlernen des Inhaltes der Kommode
- Benennung der Flächen der verschiedenen Laden
- Vergleiche der Flächen
- Drei-Stufen-Lektion
- Entfernungsspiel
- Ordnung, z. B. nach Seiten und Winkel
- Von der Fläche zu den Seiten - Arbeit mit den Geometrischen Karten

Laden der Geometrischen Kommode

Abbildung 57: Geometrische Kommode

Erklärung

Die Arbeit mit der Geometrischen Kommode beinhaltet neben vielfältigen Erfahrungen für die Kinder vor allem die Benennungen der Flächen und den Abstraktionsschritt von der „vollen" Fläche hin zur „gezeichneten" Fläche bei der Arbeit mit den Geometrischen Karten zur Geometrischen Kommode. Diese sind immer wiederkehrende, langfristig zu sehende Arbeiten mit den Kindern.

Kreatives Arbeiten mit Dreiecken

Kreatives Arbeiten in der Geometrie – Durch Schieben und Umklappen entstehen immer wieder neue Figuren in der zweiten Dimension.

Material

Blaue Dreiecke

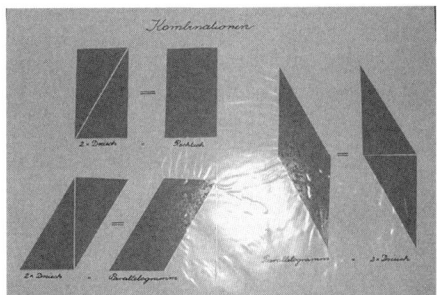

Lernbereich

- Bildung verschiedener Figuren durch Kombinationen mit den Dreiecken
- Orientierung an den Winkeln und an den Seiten

Abbildung 58: Blaue Dreiecke zur Bildung geometrischer Figuren

Material der bildbaren Flächen

Geometriekasten

Verschiedene Flächen und deren mögliche Eigenschaften

Matrix der Dreiecke aus der Geometrischen Kommode (auch aus dem Geometriekasten herstellbar)

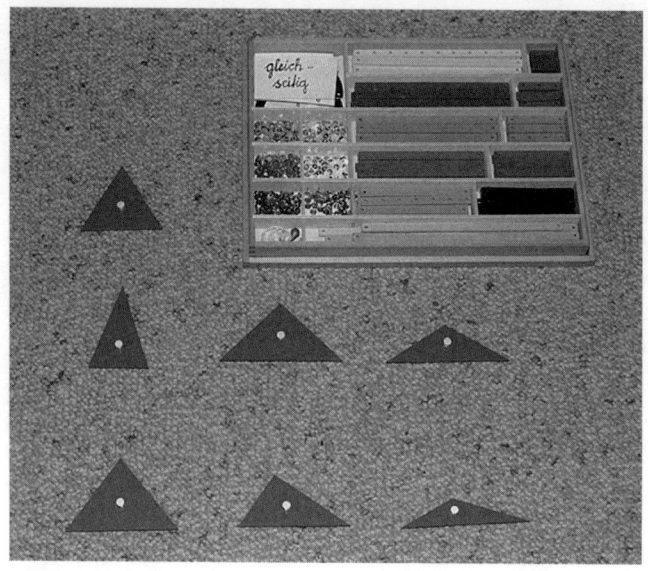

Abbildung 59: Manche Erkenntnisse sind eben nur mit Hilfe des Materials möglich, z.B. die Stabilität einer Figur

Lernbereich

- Bauen von Vielecken und Erfahrungen
- Ordnungen, z.B. Ordnung der Dreiecke nach den Seiten und den Winkeln
- Benennungen von Vielecken und deren Eigenschaften, z.B. gleichseitig, gleichschenkelig, ungleichseitig, spitzwinkelig, stumpfwinkelig und rechtwinkelig.

Weitere Lernbereiche

- Die Diagonalen von Vielecken

$$\frac{n*(n-3)}{2}$$

Ecken	+	Diagonalen
3		0
4		2
5		5
6		9
7		14
8		20
9		27

Anzahl der Ecken + Diagonalen des folgenden Vielecks ergibt die Diagonalen des wiederum folgenden Vielecks.

- Einführung der Höhe im Dreieck
- Einführung des Winkels, insbesondere des rechten Winkels
- Arbeiten auf der Innenseite des Deckels = Arbeitsfläche
- Kreis(e)
- Konzentrische Kreise
- Tangente
- Sekante
- Radius
- Segment
- Sektor
- Zeichnen und Benennen von Winkeln
- Voller Winkel
- Gestreckter Winkel
- Rechter Winkel
- Spitzer Winkel
- Stumpfer Winkel
- Erhabener Winkel
- Summe der Winkel im Vieleck: Winkel abreißen, Anzahl der Ecken minus zwei mal 180 (n-2)*180

Nach der Bestimmung von Flächen und deren möglichen Charakteristika wenden wir uns nun der Bestimmung einer weiteren Eigenschaften einer Fläche zu – ihrer Größe.

Die Bestimmung der Quantität einer geometrischen Figur

Material

Tücher, Konstruktive Dreiecke, rot-grüne Dreiecke und Quadrate

Lernbereich

- Aktive Erfahrung der Begriffe „gleich", „ähnlich" und „gleichwertig"
- Vergleichen

- Logische Schlüsse ziehen
- Erstellen von Thesen
- Zeichen einführen

Material

Konstruktive Dreiecke

Lernbereich

- Suchen von Gleichheiten, Ähnlichkeiten und Gleichwertigkeiten in anderen Materialien

Abbildung 60: Rotgrünes Material für die Begriffe „gleich", „ähnlich", „gleichwertig"

- Gleichheiten, Ähnlichkeiten, Gleichwertigkeiten innerhalb der einzelnen Kästen
- Gleichheiten, Ähnlichkeiten, Gleichwertigkeiten zwischen den einzelnen Kästen
- (Achtung: auch mehrere Teile können einem einzelnen gleichwertig sein!)
- Gleichwertigkeiten in Anwendung beim pythagoräischen Lehrsatz

Zur Erkenntnis, daß die Größe einer Fläche bestimmbar ist

Material

Gelbe Dreiecke und Rechtecke und Parallelogramme

Lernbereich

- Verstehen, daß die Größe einer Fläche bestimmbar ist.
- Einheit der Flächengrößenbestimmung ist das Quadrat[100] und keine bestimmte Größe des Quadrates.
- Die verschiedenen Teilungen des gleichschenkligen Dreiecks sind bereits für die Flächenberechnung bedeutsam, z.B. Teilung durch die Höhe.

Berechnung der Größe einer Fläche

Material

Rotes und Grünes Flächenberechnungsmaterial

Lernbereich

- Flächenberechnung
- z.B. Parallelogramm, Trapez, Zehneck

Zur Bestimmung der Größe des Raumes werden parallele Arbeiten durchgeführt.

Zur Erkenntnis, daß die Größe eines Raumes bestimmbar ist

Material

Blaue Behälter zum Schütten und Vergleichen: Kubus, Quadratisches Prisma, Quadratische Pyramide
Schachtel mit Kuben
5 gelbe Prismen

Lernbereich

- Verstehen, daß die Größe eines Raumes bestimmbar ist
- Einheit der Flächengrößenbestimmung ist der Kubus.

Berechnung der Größe eines Raumes

Material

Blaue hexagonale Prismen

Grüne rhombische Prismen

---

100 Vergleiche in diesem Zusammenhang: Das Quadrat wurde von M. Montessori deswegen in den Demonstrationsrahmen aufgenommen, weil es die Einheit der Flächengrößenbestimmung ist.

Lernbereich

- Volumenberechnung

Die in gleiche Teile gebrochene Fläche – das Bruchrechnen

Das Material zur Arbeit am Bruchrechnen wird dem Bereich der Geometrie zugeordnet. Ein Ganzes wird in gleiche Teile gebrochen. Gebrochen wird bei dieser Arbeit der rote Kreis. Er wird verwendet an Stelle oder für die rote Perle, die Einerperle.

Material

Bruchrechenkreise

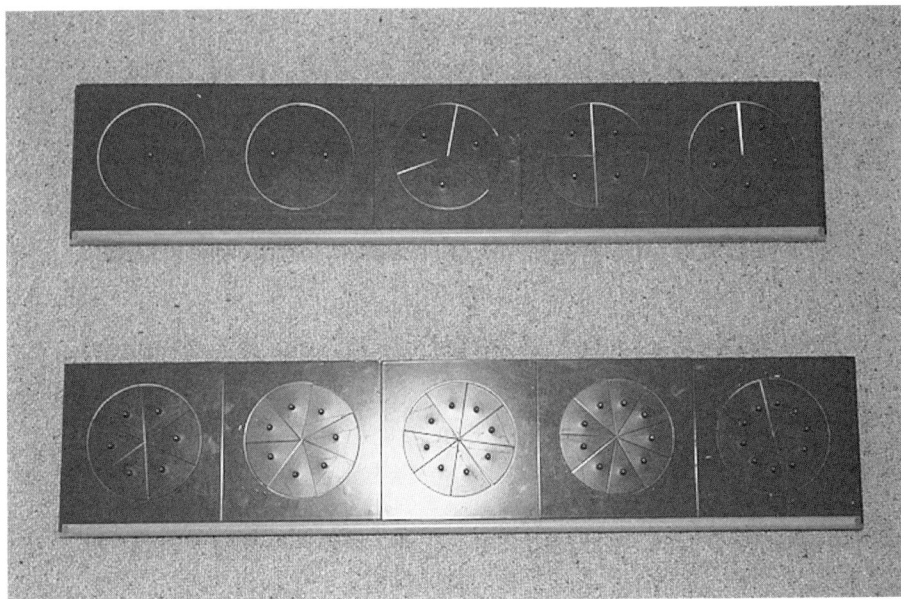

Abbildung 61: Bruchrechenkreise

Bruchrechnen

Wir brechen ein Ganzes in gleiche Teile, diese Teile ergeben wieder ein Ganzes.

Erklärung

Die volle Fläche des Kreises wird in gleiche Teile geteilt. Kinder können bei dieser Arbeit schon auf Erfahrungen in der Arbeit mit ähnlichen Materialien zurückgreifen, z.B. mit geteilten Quadraten oder Dreiecken.

Wir gehen auch hier wieder vom Bekannten aus. Eine wesentliche Parallele: Wir gehen von der Einheit unseres mathematischen Denksystems aus. 1. Diese Einheit (1) wird nun in gleiche Teile aufgebrochen.

Tätigkeit: Brechen und Vergleichen:

- 1 wird in 2 gleich große Teile gebrochen – Vergleich mit der Einheit; Benennung: 1 Teil heißt ½

Aufschreiben und Erklärung:

1 f 2 = 1 Fraktion (gebrochen) durch 2 = ½ ; Bruchstrich = Divisionszeichen

Zur Arbeit mit Brüchen

93

Buch der Brüche Erstellung des Buches der Brüche:

Beispiel für das erste Blatt des Buches der Brüche:

Wir schreiben alle Teile auf, die wir aus einem Kreis herausnehmen, sodaß noch etwas drinnen liegen bleibt.

Aus welchem Kreis kann man einen Teil herausnehmen, sodaß noch etwas drinnen liegen bleibt?

Aus welchem Kreis kann man zwei Teile herausnehmen, so daß noch etwas drinnen liegen bleibt?

Aus welchem Kreis kann man drei Teile ...

Blatt des Buches der Brüche

1/2	1/3	1/4	1/5	1/6	1/7	1/8	1/9	1/10
	2/3	2/4	2/5	2/6	2/7	2/8	2/9	2/10
		3/4	3/5	3/6	3/7	3/8	3/9	3/10
			4/5	4/6	4/7	4/8	4/9	4/10
				5/6	5/7	5/8	5/9	5/10
					6/7	6/8	6/9	6/10
						7/8	7/9	7/10
							8/9	8/10
								9/10

Abbildung 62: Blatt 1 aus dem „Buch der Brüche"

Auflegen und aufschreiben

(Aufgelegte Reihe immer wieder wegräumen!)

Anregungen für die Erstellung des zweiten Blattes des Buches der Brüche[101]:

„Erweitern" und „Kürzen"
- Erweitern von Brüchen
- Was ergibt alles 1 Ganzes? Beispiele
- Was ergibt 1 Halbes oder mit welchen gleichen Teilen kann ich ein Halbes ausfüllen?
- Mit welchen gleichen Teilen kann ich ein Drittel ausfüllen?
- Mit welchen gleichen Teilen kann ich ein Viertel ausfüllen?

Umgekehrter Vorgang:
- Kürzen von Brüchen
- Aus welchen gleichen Teilen kann ich ein Größeres bilden?

Diese Arbeiten bewegen sich großteils im Rahmen der sinnlichen Erfahrung und Tätigkeiten, entsprechen dem Prinzip des Lernens durch Bewegung, dem Herstellen von Ordnungen und sind eine unerläßliche Vorstufe zum Verstehen von Mathematik, in diesem konkreten Fall zum Verstehen von Brüchen.

Weitere Schritte:

Rechnen mit Brüchen
- Bruch plus ganze Zahl

---

101 Vergleiche auch Materialmappe zur Mathematik, Montessori-Material, Teil 3, Zelhem 1986

- Addition und Subtraktion gleichnamiger Brüche; Teilen durch ganze Zahlen (Kegel). Arbeiten mit vorgefertigten Beispielen
- (auf Vorwissen zurückgreifend) Addition und Subtraktion ungleichnamiger Brüche
- Ein Bruch enthält schon den gemeinsamen Nenner
- Brüche enthalten nicht mehr den gemeinsamen Nenner
- Mit Brüchen multiplizieren
- Durch Brüche teilen
- Für Rechnungen über ein Ganzes gibt es ein Ersatzmaterial

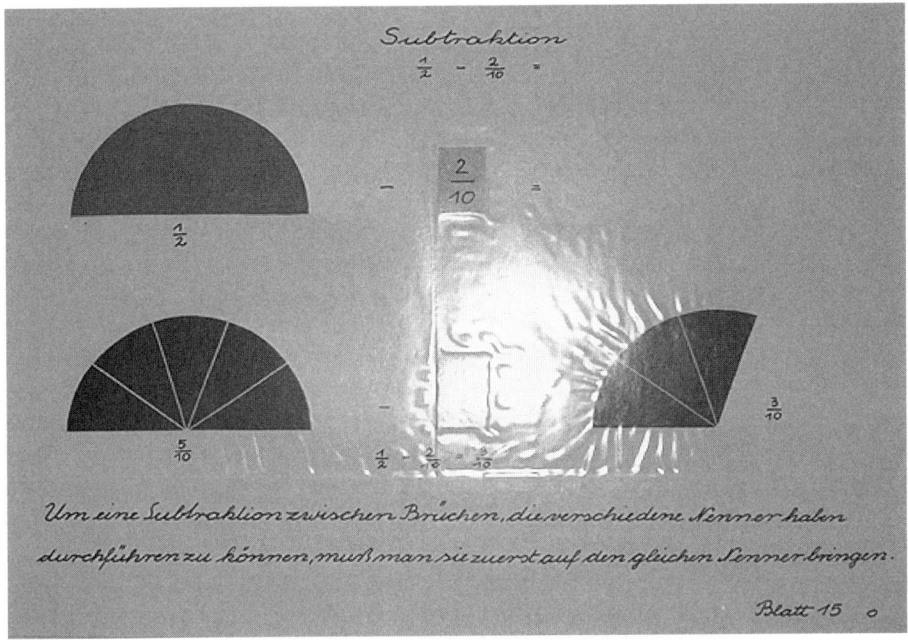

Beispiel des Rechnens mit Brüchen in der Grundschule

Abbildung 63: Rechnen mit Brüchen

Themen, die in der Grundschule immer wiederkehren

Hier werden nochmals Bereiche und Materialien aufgezählt, die großteils schon im Leitfaden der Arithmetik behandelt worden sind. Es sind Bereiche, in denen Arithmetik und Geometrie kaum sinnvoll zu trennen sind, und wo es immer wieder eine geometrische Entsprechung der Arithmetik gibt.

Materialien

Quadrieren und Wurzelziehen

Bunte Perlen
Goldenes Perlenmaterial
Binomisches Quadrat des binomischen Kubus'
Trinomisches Quadrat des trinomischen Kubus'
Leitquadrate

Wir müssen es immer wieder tun, um es zu verstehen

Abbildung 64: Arbeit mit dem Trinomischen Kubus

Materialien

Trinomischer und Binomischer Kubus

Kasten zum Kubikwurzelziehen

Goldenes Perlenmaterial

Dekanomisches Quadrat und Turm[102]

Material

Platonische Körper

Kubus

Tetraeder

Dodekaeder

Ikosaeder

Oktaeder

Die Besonderheit der Platonischen Körper besteht darin, daß deren Oberflächen jeweils aus regelmäßigen Vielecken nur einer einzigen Sorte bestehen:

Kubus - 6 Quadrate

Die Oberflächen der platonischen Körper bestehen jeweils aus Vielecken nur einer einzigen Sorte (Quadrat, Dreieck, Fünfeck).

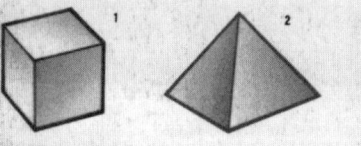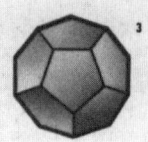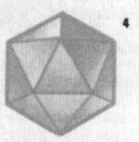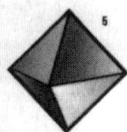

Abbildung 65: Platonische Körper haben eine ganz besondere Beziehung ...

Tetraeder – 4 gleichseitige Dreiecke
Dodekaeder – 12 regelmäßige Fünfecke
Ikosaeder – 20 gleichseitige Dreiecke
Oktaeder – 8 gleichseitige Dreiecke

102 Vgl. auch das Kapitel Leitfaden zur Arithmetik, S. 65

Didaktischer Leitfaden – Materialien zur Sprache

> Nein, die Montessori-Welt ist zu wissen-
> schaftlich für mich. Sie ist zu ordentlich, zu
> didaktisch.
>
> Das Montessori-System, wunderbar, wie es
> ist, ist ein künstlicher Weg, das Kind über
> sein Tun lernen zu lassen.
>
> Alexander S. Neill

Die didaktische Grundlage der Sprachbildung wurde von Maria Montessori für die italienische Sprache geschrieben. Veröffentlicht wurde die Didaktik der Sprachbildung im 2. Band „Schule des Kindes"[103]. Dieser Band ist nie in einer deutschen Übersetzung erschienen. Dies ist um so bedauerlicher, als er die meisten didaktischen und methodischen Hinweise enthält. Das kleine Handbuch, das in deutscher Sprache erschienen ist, war und ist dafür kein geeigneter Ersatz und außerdem längst nicht mehr erhältlich.[104]

Die Darstellung des didaktischen Leitfadens zur Sprachbildung bezieht sich auf die schulische Arbeit und baut auf die institutionelle vorschulische Arbeit zur Sprachbildung auf. Wie die beiden vorhergehenden ist dieser Leitfaden ebenso nach Themen gegliedert. Die Einhaltung der Reihenfolge der angeführten Themen ist einleuchtend und unumgänglich. Die konkrete Arbeit der Lehrerin mit dem Kind richtet sich nach der Bereitschaft des Kindes. So ist besonders beim Schreiben- und Lesenlernen wichtig, die sensible Periode des Kindes zu beachten. Bei den meisten Kindern tritt diese Periode allerdings schon vor dem Schuleintritt im Alter von 5 Jahren auf.

Die hier angeführten Themen zur Sprachbildung decken diesen Entwicklungsbereich des Kindes keineswegs vollständig ab. Sie skizzieren die Arbeit mit den Montessori-Materialien. Ergänzungen müssen nach pädagogischen Entscheidungen der Lehrerinnen vorgenommen werden.

1. Erstes Schreiben und Lesen
2. Die aktive Erfahrung der Wortarten
3. Die Analyse von Satzgliedern

Bereiche wie Erzählen oder Texte-Verfassen werden hier nicht dargestellt. Die Darstellung des Leitfadens zur Sprachbildung beschränkt sich auf den sogenannten materialisierbaren Bereich. Es ist offensichtlich, daß die Montessori-Pädagogik im Bereich der Spracharbeit fachdidaktischer Ergänzungen bedarf, die in Übereinstimmung mit den pädagogischen Grundsätzen der Montessori-Pädagogik stehen.

Materialisierbare Lernbereiche

---

103 Maria Montessori, Autoeducazione nelle scuole elementari, Roma 1916; dt. Übers.: Montessori-Erziehung für Schulkinder, Stuttgart 1926, Neuausgabe: Schule des Kindes (Hrsg. P. Oswald und G. Schulz Benesch) Freiburg/Br. 1976

104 Maria Montessori, Mein Handbuch, Stuttgart 1922

Den in der Folge dargestellten Arbeiten sind mannigfaltige Lernprozesse zur Sprachbildung mit verschiedenen Materialien wie Büchern, Spielen, Bildern und dgl. mehr vorausgegangen. Die wichtigsten Arbeiten sind jedoch sicher nicht in der Arbeit mit Materialien, sondern in einer reichhaltigen Kommunikation und einer positiven Emotionalität und Sozialisierung zu sehen.

Erstes Schreiben und Lesen

Zuerst Schreiben

Material

Metallene Einsetzrahmen

Lernbereich

* Vorbereitung der Hand und der Koordination

Die entsprechend feste und gleichzeitig lockere Hand des Kindes wird hier auf das Schreiben vorbereitet. An Stelle der Metallenen Einsätze können auch die Tafeln der Geometrischen Kommode verwendet werden.

Abbildung 66: Vorübung zum Schreiben

Materialien

Sandpapierbuchstaben
Stempelkasten
Legekästen
Bewegliches Alphabet
Sandtablett

Lernbereiche

- Aktives und kreatives Entdecken der Welt der Schrift

- Verstehen von Schrift als Mittel der Mitteilung

- Annehmen können von Schrift als Ausdrucksform der eigenen Persönlichkeit

Aufnehmen der Buchstaben (auch und vor allem) durch den taktilen Sinn

Abbildung 67: Sandpapierbuchstaben

Erklärung

Prinzipiell soll den Kindern die freie Wahl der Buchstaben überlassen werden. Sie finden ihren Weg in die Welt der Schrift. Die Darbietungen der Lehrerin werden sich auch hier nach den Interessen der Kinder richten. Die Kombination mit anderen Materialien wie Streifentafel, Packpapierheft, Arbeitsblättern u.a.m. obliegt der Arbeit der Lehrerin mit ihren Kindern. Dabei soll gewährleistet sein, daß das Erlernen der Schrift dem Prinzip des *Lernens in Bewegung* folgt. Gleichzeitig werden Kinder auch hier bestrebt sein, eine Ordnung und ihre Orientierung zu finden. Es wird ein selbstbestimmtes Lernen sein, das den ganzen Menschen anspricht, ein Lernen durch Tasten, Fühlen, Sehen, Hören, Sprechen, Schreiben, Stempeln und Legen.

Kinder lernen auch das Bewußtsein: „Ich kann selbst schreiben lernen!"

In der Regel lernen Kindern in einem selbstbestimmten Prozeß des Schreiben- und Lesenlernens zuerst das Schreiben und wenden sich dann dem Lesen zu. Das Bewegliche Alphabet (in Übereinstimmung mit Sandpapierbuchstaben) mit dem Kinder „schreiben, ohne tatsächlich schreiben zu müssen" hilft beim Übergang vom Schreibenlernen zum Lesenlernen.

Vom Schreiben zum Lesen

Schreiben können ohne schreiben zu müssen – die Verbindung von Schreiben und Lesen

Abbildung 68: Legekasten

Lesen ist nach Maria Montessori der Vorgang, der nach dem Schreibenlernen erfolgt. Dabei ist der Vorgang des Lesenlernens oft geheimnisvoll. Wenn Kinder selbstbestimmt mit der entsprechenden Hilfe lesen lernen, ist zu beobachten, daß sie sich meist ihren eigenen Weg suchen. Manche Kindern können nicht schnell genug erfahren, was denn in diesen vielen Büchern geschrieben steht ...

Erstes selbständiges Schreiben – ein Brief. Die Bedeutung des Schreibens ist verstanden worden

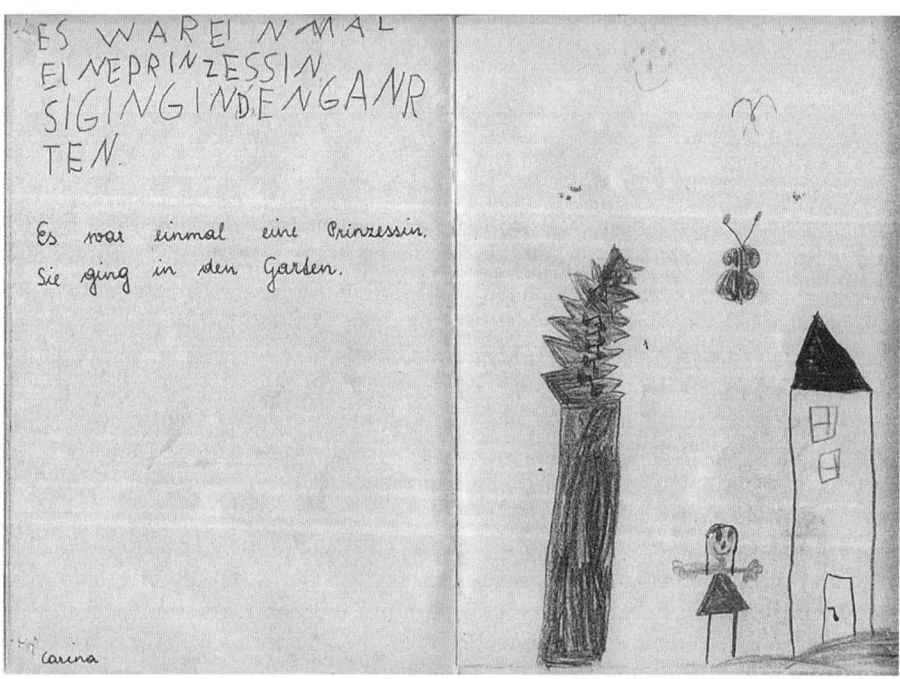

Abbildung 69: ...auf dem Weg zur Schrift

Material

Schriftvorlagen, verschiedene Schriften, verschiedene Schreibgeräte, verschiedene Papiere
Materialien zum Drucken von Texten und zum Herstellen von Büchern

Abbildung 70: Die Schreibecke. Schreibgeräte, Papiere u.a.m.

Erklärung

Die Schreibecke soll eine permanente Einrichtung in der Klasse sein. Hier können Kinder verschiedene Schriften ausprobieren, Texte verfassen, Bücher selbst herstellen, kalligraphieren u.a.m. In der Schreibecke kann man Schreiben auf möglichst verschiedene Art erfahren.

Material

Tablett zum „Ersten Lesen"
Bewegliches Alphabet
Legekasten
Phonetisches Lesematerial
Leseschilder
Materialien zum klassifikatorischen Lesen
Bücher und Hefte

Lernbereiche

- Lautierübungen
- Erstes Lesen von Wörtern

- Herstellen von Ordnungen
- Bezeichnung von Gegenständen und Lesen der Bezeichnungen
- Verstehen, was „Lesen" ist

Der spannende Eintritt in die Welt der Buchstaben und in die Welt des Schreibens und Lesens

Abbildung 71: Material zum „allerersten" Lesen

Erklärung

Materialentwicklung

Rosa (einsilbiges) und blaues (mehrsilbiges) Lesematerial. Neu nach den Prinzipien der Montessori-Pädagogik entwickeltes und selbst hergestelltes Material zum phonetischen Lesen[105]

Das sogenannte phonetische Lesematerial ist nach dem Stammvokal geordnet. Es enthält nur Wörter, die ausschließlich aus Phonemen bestehen. Laute, die aus Buchstabenkombinationen bestehen, oder nicht gesprochene Laute sind hier nicht enthalten. Das Kind kann auf verschiedenen Abstraktionsstufen das Lesen erlernen. Angeboten werden

Abbildung 72: Phonetisches Lesematerial

1. der Gegenstand und die dazugehörende Wortkarte,
2. das Bild und die dazugehörende Wortekarte und
3. die Wortkarte allein.

Das Material wird mit einsilbigen und zweisilbigen Wörtern angeboten.

---

[105] Erfindung dieses Materials und Autorenrechte – Saskia Haspel

Material

Lesekarten zum klassifikatorischen Lesen

Erklärung

Beim klassifikatorischen Lesen werden dem Kind Lesespiele geboten, bei denen Begriffe zu einem Oberbegriff zu finden und zuzuordnen sind. Diese Lesespiele können mit den verschiedensten Themenbereichen gestaltet werden. Sie fördern das sinnentnehmende Lesen und stellen eine Möglichkeit zur Selbstkontrolle dar.

Materialien (weiterführend)

Texte, Bücher, Karteien
Eigene kleine selbst verfaßte Texte und Bücher
Klassifikationskarteien mit Sachunterrichtsthemen
Sauros-Kästen
Rätsel und Geschichten
Freie Texte
Satzwürfel
Rollenspiele ...

Material

Sandpapierbuchstaben
Phonogrammkommoden

Lernbereich

*   Vorübungen und Grundlage der Rechtschreibung

Erklärung

Als Phonogramm wird eine Buchstabenverbindungen, die als ein Laut gesprochen wird,[106] bezeichnet. Der Begriff ist außerhalb der Montessori-Pädagogik kaum gebräuchlich. Die Arbeit selbst ist aber für den Aufbau der Rechtschreibung außerordentlich wichtig. Kinder können so langsam in diese schwierige Welt der richtigen Schreibung der Wörter eindringen.

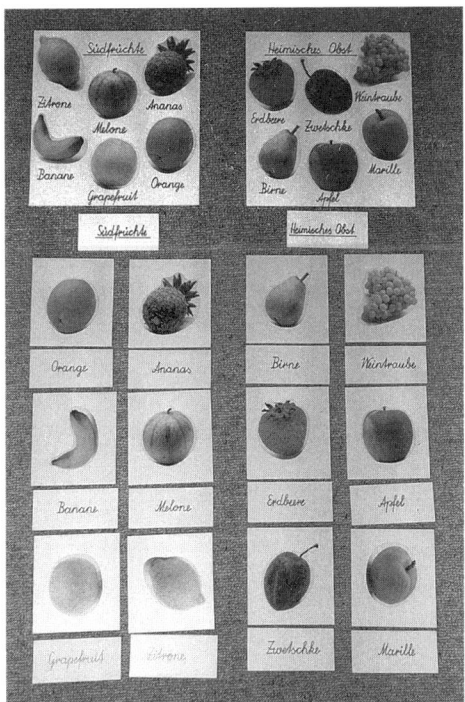

Abbildung 73: Klassifikatorisches Lesen

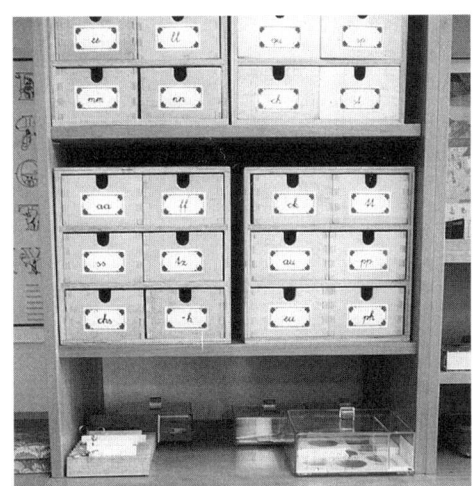

Abbildung 74: Phonogrammkommoden

Kombination Bild und Wortkarte mit dem entsprechenden Oberbegriff

Leseklassifikation

Ergänzungen

Eine wichtige Arbeit zum Aufbau der Rechtschreibung. Die Arbeit mit den Phonogrammen muß den Kindern immer wieder angeboten werden.

Schreiben lernen und Rechtschreiben lernen sind sehr ähnliche gemeinsame Arbeiten

sch, ch, tt, -h usw.

---

106 Montessori-Material, Teil 2, Handbuch für Lehrgangsteilnehmer, Materialien für den Bereich Sprache, Montessori-Vereinigung e.V., Aachen, Nienhuis Montessori International bv, Zelhem 1986

Auch dieses Material wird in verschiedenen Abstraktionsstufen angeboten: vom gegenständlichen Erfassen und Begreifen bis zur Phonogrammkartei.

Die aktive Erfahrung der Wortarten

Erste Arbeiten zur Grammatik

Die Einführung in die Wortarten und deren Funktion geschieht immer über eine aktive Erfahrung der Wortart. Diese wird dem Kind angeboten und ist eine gemeinsame Arbeit von Lehrerin und einem oder mehreren Kindern.

Bestimmung der Wortarten

Materialien

Schachteln mit Materialien zur aktiven Erfahrung einer Wortart
Bauernhof
Wortsymbole
Wortkärtchen
Kästen zur Bestimmung der Wortarten
Auftragskästen

Diese Arbeit wird oft auch mit dem „Bauernhof" vorgenommen.

Aktive Erfahrungen

Abbildung 75: Materialien zur aktiven Erfahrung der Wortarten kombiniert mit den Symbolen – aktive Erfahrung der Wortart „Vorwort"

Lernbereiche

- Erfahrung einer Wortart und deren Funktion
- Benennung und Erkennen einer Wortart
- Bestimmung einer Wortart im Text

Erklärung

Die Arbeit in die Einführung der Wortarten beginnt nach dem Erlernen und der Festigung des Schreibens und Lesens. Die Arbeit kann sich über einen Zeitraum von Monaten und Jahren erstrecken. Eine Reihenfolge der aktiven Erfahrung der Wortarten ist gegeben – dazugestellt die Symbole für die Wortarten:

1. Substantiv	▲ (schwarz)	Schwarz
2. Einzahl und Mehrzahl des Substantivs		
3. Artikel	△ (hellbraun)	Hellbraun
4. Bestimmter und unbestimmter Artikel		
5. Adjektiv	▲ (braun)	Braun
6. Vergleichsform		
7. Numerale	△	Grau
8. Verb	●	Rot
9. Konjunktion	▬	Gelb
10. Präposition	⌣	Violett
11. Adverb	●	Rosa
12. Interjektion	!	Blau

Jede Wortart wird mit den Materialien zur aktiven Erfahrung oder dem „Bauernhof" vom Kind erfahren. Anschließend wird der Wortart ein Symbol zugeordnet. Dieses Symbol wird bei der Arbeit mit Wortkarten immer über das entsprechende Wort gelegt oder bei der Arbeit am Text über das Wort gezeichnet. Die Arbeit mit den Symbolen hilft dem Kind bei der Bestimmung der Wortart. Die Symbole bezeichnen durch ihre Form (Dreieck) den „statischen" und (Kreis) „dynamischen" Teil eines Textes.

Abbildung 76: Kästen zur Bestimmung der Wortart

Kästen zur Bestimmung der Wortart

Mit den Kästen zur Bestimmung der Wortart und den zugehörenden Wortkärtchen in den Aufbewahrungskästen wird die Bestimmung der Wortarten immer wieder geübt. Diese Kästen enthalten auch Differenzierungen zu den einzelnen Wortarten, die von den Kindern bei der Arbeit gelernt werden wie z. B. beim Substantiv Einzahl und Mehrzahl, Geschlecht, schwierige Mehrzahlbildung usw.

Auftragskästen

Durch die auf den Auftragskarten vorgeschlagenen Arbeiten werden die Wortarten nochmals von den Kindern erfahren. Für diese Arbeit muß man auch die vorbereitete Umgebung der Klasse adaptieren.

Festigung der Wortarten und weitere Erfahrung durch die Arbeit mit den individuell gestaltbaren Auftragskästen

Abbildung 77: Auftragskästen

Um den Kindern Klarheit zu ermöglichen, ist es notwendig, die Farben der Wortsymbole den Farben der Kästen zur Bestimmung der Wortarten anzupassen.

Die Analyse von Satzgliedern

Die Arbeit an den Satzgliedern darf erst angeboten werden, wenn das Wissen um die Wortarten bereits gefestigt ist, da es sonst meist zu Verwechslungen kommt. Es ist für Kinder nicht einfach, Wortarten und Satzglieder zu unterscheiden.

Auch hier gehen wir von Sprachspielen und der aktiven Erfahrung der Satzglieder aus.

Entdecken des Satzbaus

Materialien

Papierstreifen, Buntstifte, Schere

Lernbereiche

- Entdecken des Aufbaus eines Satzes
- Verschieben der Satzglieder
- Satzbildungen
- Zerlegungen des Satzes
- Fragen nach den Satzgliedern

Ein Beispiel der Arbeit mit Papierstreifen, Buntstiften, einer Schere und den Symbolen.

Bestimmung des Prädikates

Thema: Wir jagen das Prädikat
1. Sprechweise: „Welches Wort sagt Dir, was Du tun sollst?"
2. „Welches Wort sagt Dir, was geschieht?"
3. Dieses Wort nennt man im Satz Prädikat.

Erklärung

Die einzelnen Satzglieder werden lange Zeit nicht benannt. In dieser Arbeit steht das Erleben der Sprachstruktur im Vordergrund und nicht das Benennen-Können eines einzelnen Satzteiles.

Erleben der Satzstruktur

Kinder legen die Satzglieder auf der Sterntabelle auf.

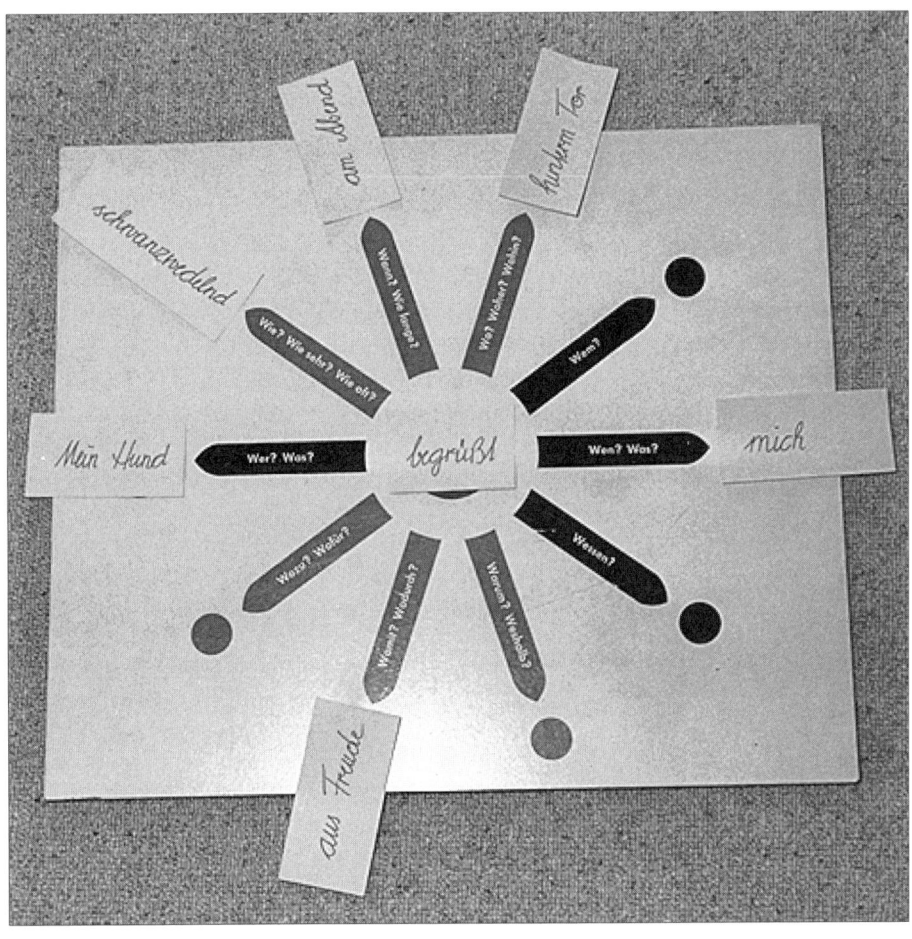

Abbildung 78: Die Arbeit mit der Sterntabelle

107

Material

Sterntabelle und drei Kästchen für die Satzzerlegung

Lernbereich

- Analyse und Benennung der Satzglieder
- Einführung des jeweiligen Symbols
- Verschiebeprobe

Benennung der Satzglieder

Material

Kleine Satzzerlegungstabelle mit Symbolen

Lernbereich

- Prädikat
- Subjekt
- Objekt und
- Benennung derselben

Erklärung

Die Benennung des Satzgliedes ist gleichsam die Endphase der Arbeit mit den Satzgliedern. Für das Prädikat, das Subjekt und das Objekt verwenden wir dazu die Streifentabelle und die Symbole für die Satzglieder.

    Die ersten Arbeiten in diesem Bereich haben den Charakter von Sprachspielen, die zur Entdeckung von Sprachstrukturen führen. Sätze werden Satzglied für Satzglied aufgebaut und umgebaut. Anschließend suchen wir ein Satzglied: das

Die Analyse und Benennung des Satzgliedes Prädikat

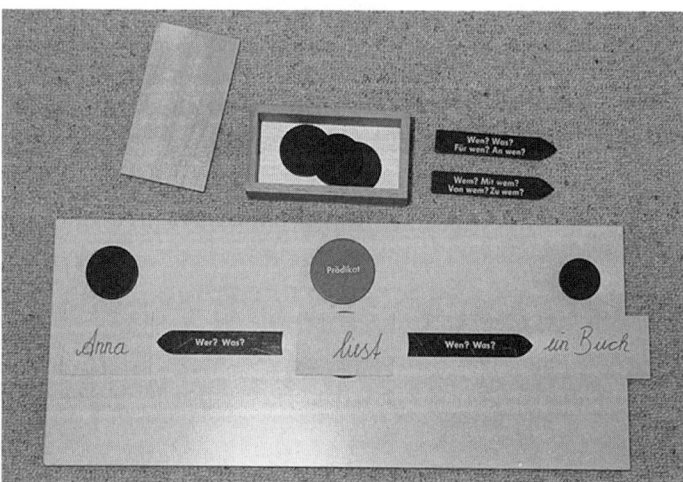

Abbildung 79: Streifentabelle

Prädikat. Doch wir geben diesem Satzglied noch immer keinen Namen. Wir entdecken weitere Satzglieder bei der Arbeit mit der Sterntabelle und fragen mit dem richtigen Fragewort danach. Erst dann kommt die Phase der Benennung von Satzgliedern.

Ergänzung

Material

Legekästen

Weitere Arbeiten

*Vor- und Nachsilben, Silben-
trennungen, Wortschatz-
übungen ...*

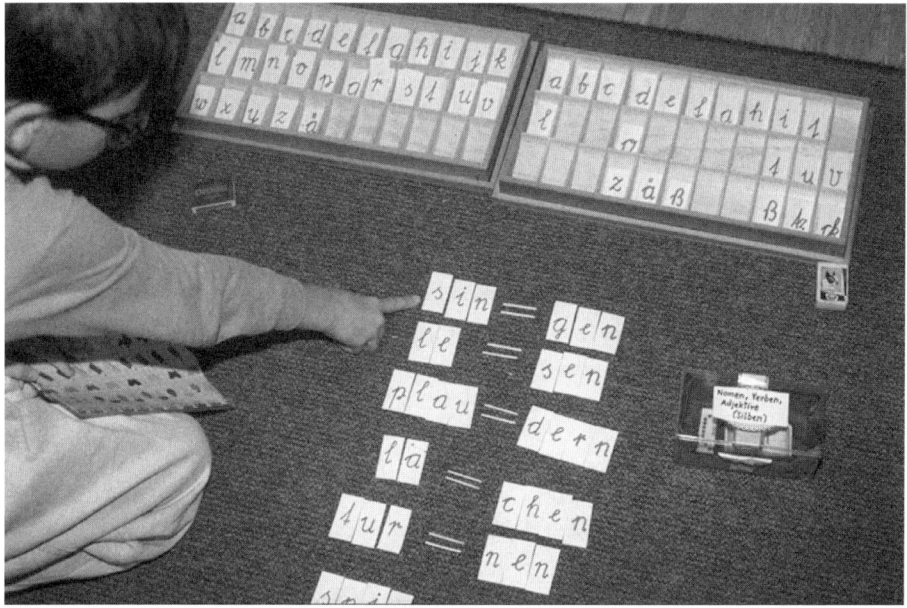

Abbildung 80: Weitere Arbeiten mit den Legekästen

Trotz dieser Ergänzung fehlen noch Themen der Sprachbildung. Die Didaktik der
Sprachbildung wird im Zuge der praktischen Arbeit sicher noch weiterentwickelt
werden.
Die Darstellung jedes didaktischen Leitfadens ist exemplarisch. In diesem Sinne
sind diese Darstellungen erweiterbar.

Überordnung

Die kosmische Erziehung

> Die Rolle der Erziehung besteht darin, das Kind tief zu interessieren an einer äußeren Aktivität, an die es sich mit all seinen Fähigkeiten hingibt.
>
> Maria Montessori

Ich möchte mit einer möglichst authentischen Einleitung beginnen:

> Um das Kind, das das Bedürfnis hat, die Dinge zu sehen, um sie zu begreifen, herrscht eine schwere und niederdrückende Atmosphäre, passend zu der Unterschätzung der kindlichen Intelligenz durch den Erwachsenen. Die Macht der kindlichen Intelligenz bleibt unbeachtet. Wir, denen das Kind diese Macht seiner Intelligenz offenbart hat, möchten die eigentliche Idee von Comenius[107] wieder aufgreifen, indem wir den Kindern die Welt selbst darbieten.

Die Idee des Exemplarischen

> Wenn das Kind wandert, bietet sich ihm die Welt selbst dar. Veranlassen wir das Kind zu wandern, zeigen wir ihm die Dinge in ihrer Wirklichkeit, anstatt Gegenstände anzufertigen, die Begriffe darstellen und sie in einen Schrank einzuschließen.
>
> In ihrem Gesamt wiederholt die Welt mehr oder weniger immer dieselben Grundbegriffe. Wenn man z.B. das Leben der Pflanzen oder der Insekten in der Natur studiert, hat man mehr oder weniger eine Vorstellung vom Leben der Pflanzen und der Insekten in der ganzen Welt. Niemand kennt alle Pflanzen. Es genügt eine Kiefer zu sehen, um sich vorzustellen, wie alle anderen Kiefern leben.[108]

Wir werden diesen Gedanken im Laufe der Diskussion der kosmischen Erziehung noch konkretisieren.

Begriff und Bedeutung

Die imaginative Sicht des Kindes

Maria Montessori hat ihr pädagogisches Konzept einer *Kosmischen Erziehung* auf der Grundlage ihrer individuellen kosmischen Vorstellung und ihrer eigenen imaginativen Sicht der kindlichen Entwicklung geschaffen. Sie ging davon aus,

---

107 Maria Montessori meint hier die Idee Comenius', die Welt durch Bilder zu vermitteln; J.A. Comenius, „Orbis Sensualim pictus", Dortmund 1978

108 Maria Montessori, Von der Kindheit zur Jugend, Entwicklungspsychologie des Schulalters, Freiburg, 1966, S. 44

daß der gesamten Schöpfung ein einheitlicher Plan (=„Schöpfungsplan" nach Maria Montessori) zugrunde liegt. Unsere Erde und die Natur stellen eine Ganzheit dar, in der jeder Teil, jede Pflanze und jedes Lebewesen eine Aufgabe für das Ganze erfüllt. Umgekehrt dient das Ganze den einzelnen Teilen. Dadurch wird ein harmonisches Zusammenwirken erzielt und erhalten.[109] Zur Erklärung führt sie die ihrer Meinung nach ersten glänzenden Beispiele an, die Darwin über das enge Zusammenwirken zwischen blühenden Pflanzen und Insekten gegeben hat. Das Insekt, das ausfliegt, um seine Nahrung in den Blüten zu suchen, führt unbewußt eine altruistische Aufgabe aus: die Bestäubung der Blüten. Es sichert auf diese Weise das Überleben der Pflanzen. Ähnlich führen alle anderen Lebewesen z.B. durch den Prozeß ihrer eigenen Ernährung oder der Nahrungssuche eine „kosmische" Aufgabe aus, die dazu beiträgt, die Natur in einem harmonischen Zustand der Reinheit zu erhalten.[110]

Innerhalb des Systems nimmt der Mensch eine Sonderstellung ein. Während die Natur unbewußt ihren vorbestimmten „Plan" erfüllt, kann er Entscheidungen treffen. Der Mensch verändert die Natur aus. Diese Veränderung ist (besonders heute in einer Zeit der Umweltkatastrophen) nicht immer positiv für die Natur – den Kosmos. Maria Montessori sieht den Menschen eingebunden in einen kosmischen Schöpfungsplan. Ihre erklärte Vorstellung war die einer einzigen universalen harmonischen Gesellschaft, in der gegenseitige Achtung, Hilfe für den Schwächeren, Dankbarkeit und Liebe vorherrschende Tugenden sind. Die Sonderstellung des Menschen besteht vor allem auch darin, daß – wie wir annehmen – der Mensch als einziges Lebewesen dieser Erde über ein Bewußtsein seines Tuns verfügt und daher die Folgen seiner Handlungen abschätzen kann. Nur er kann in den Vorstellungen Zukunft und Vergangenheit denken. Daraus resultiert, daß er als einziges Lebewesen bewußt Verantwortung übernehmen kann und – moralisch gesehen – auch muß. Kosmische Erziehung ist daher auch zu einem wesentlichen Teil *Erziehung zur Verantwortung* sich selbst, den Mitmenschen und der Umwelt gegenüber. Die Kosmische Erziehung soll dem Menschen helfen, sich seiner kosmischen Aufgabe bewußt zu werden: „Das Werk der Schöpfung fortzusetzen" (nicht in egoistischer Ausbeutung), sondern im „Dienst" an dieser Schöpfung.

Zur Verantwortung des Menschen

Zur kosmischen Theorie

Maria Montessori selbst sah ihre kosmische Theorie in die Nähe der Religion gerückt: „Wenn Gott die Wesen intelligent bewegt, gibt er dem Menschen Intelligenz selbst".[111] Ihre Hoffnung war es, durch eine Kosmische Erziehung das Gewissen und die Verantwortung der Menschen in Harmonie vereinigen zu können. Ihre Gedanken haben unsere im Wandel begriffene Einstellung zur Natur vor mehr als einem halben Jahrhundert vorweggenommen. Nicht als Herren der Schöpfung dürfen wir uns verstehen, sondern als Teil eines Ganzen. Kosmische Erziehung bedeutet für Maria Montessori, daß sich Kinder in ihrer gesamten Persönlichkeit begreifen, verstehen und auch fühlen.

Wir sind ein Teil der Schöpfung

109 Vgl. Maria Montessori, Von der Kindheit zur Jugend, Freiburg 1966
110 Vgl. Maria Montessori, Von der Kindheit zur Jugend, Freiburg 1966
111 Vgl. Maria Montessori, Von der Kindheit zur Jugend, Freiburg 1966

Aufgabe einer Kosmischen Erziehung ist es nicht nur,

- dem Kind eine *Vorstellung* vom Zusammenspiel der Natur und des Menschen zu vermitteln, sondern auch
- dem Kind zu helfen, selbst eine Vorstellung vom Werden, dem Sein und den Veränderungen in diesem Universum zu bilden – vor allem seine eigene höchst individuelle Vorstellung und
- seine *Imaginationskraft* zu entwickeln.

Sich als Teil der Schöpfung erleben können

In diesem Zusammenhang ist es wichtig, daß wir uns selbst und das Kind als Teil der Schöpfung betrachten und annehmen und ihm mit der ihm zustehenden Achtung und Liebe begegnen. Nur auf der Grundlage dieser Achtung und Liebe können sich Kinder auch in ihrem Werden als Teil der Schöpfung fühlen. Nur dann können sie für sich lebensbedeutende Vorstellungen entwickeln, wenn wir diese Vorstellungen zutiefst als zu jedem Individuum gehörend achten.

Eine der faszinierendsten Fähigkeiten von Maria Montessori war es, das heutige Leben mit dem Leben in weit zurückliegender Vergangenheit in Zusammenhang zu bringen. Ein einfacher Anlaß konnte sie bewegen, einen panoramaartigen Überblick über die Entwicklung des Menschen bis zur Gegenwart zu entwerfen, wobei sie das *Vorstellungsvermögen* ihrer Zuhörer anzuregen vermochte.

Imaginationsfähigkeit

Mario Montessori schreibt, daß ihre Entwicklung der *Kosmischen Erziehung* aus dieser ungewöhnlichen Fähigkeit erwuchs, Gegenwart und Vergangenheit durch imaginatives Denken zu verknüpfen. Wie sie selbst darlegte, ist die imaginative Sicht von der bloßen Wahrnehmung eines Gegenstandes gänzlich verschieden, denn die Imagination hat keine Grenzen. Sie kann nicht nur unendliche Räume durchmessen sondern auch unendliche Zeitspannen; wir können die Epochen nach rückwärts verfolgen und eine Vision der Erde haben, wie sie damals war, mitsamt den Geschöpfen, die sie damals bewohnten. Um zu erfahren, ob ein Kind etwas verstanden hat oder nicht, sollten wir zu ermitteln versuchen, ob es sich eine geistige Vorstellung davon bilden kann, ob es über die Ebene des bloßen Verstehens hinausgegangen ist. Das Geheimnis eines guten Unterrichts ist es, die Intelligenz des Kindes als ein fruchtbares Feld anzusehen, auf dem Saat ausgestreut werden kann, um in der Wärme der Imagination[112] zu keimen. Deshalb ist es nicht nur unser Ziel, das Kind etwas verstehen zu lassen und es nicht etwa zu zwingen, etwas im Gedächtnis zu behalten, sondern seine Imagination zu berühren, so daß sein innerster Kern begeistert wird.[113]

Konzept einer kosmischen Erziehng

Maria Montessori strebt im Unterricht und in ihrem Konzept einer Kosmischen Erziehung nicht bloß die Ausstattung des Kindes mit Wissen an. So wäre ihr auch das Wissen um ökologische Zusammenhänge als Bildungsfaktor für die Entwicklung des kindlichen Geistes zu wenig gewesen; selbst mit der Stufe des Verstehens gibt sie sich in ihrer Konzeption noch nicht zufrieden. Sie möchte vielmehr, daß Menschen „aus sich heraus" mit unserer Hilfe ihre eigene Vorstellung (Imagination) von sich, der Natur und der Schöpfung bilden. Sie beschreibt hier eine Qualität im Erziehungsgeschehen, die auch heute wahrscheinlich nur wenige Kinder genießen können. Vorstellungen bilden und Wahrheiten entdecken, hat auf die moralische Einstellung und die Bildung der humanistischen Werte eines Menschen einen großen Einfluß. Ich wage in diesem Zusammenhang die

---

112 Maria Montessori verwendet den Begriff Imagination für Einbildungskraft, Vorstellungskraft
113 Maria Montessori, To Educate the Human Potential. Adyar Kalakshetra 1948, S. 14-15

Hypothese, daß Menschen, die ihre eigenen Vorstellungen bilden durften, mit sich, ihren Mitmenschen und ihrer Umwelt moralisch verantwortungsvoller umgehen.

So ist es nach dem Konzept von Maria Montessori möglich, die Richtung zu prüfen, in die wir gehen, und Perspektiven zu entwerfen, nach denen man die Dinge so beeinflussen kann, daß wir mit unserer Anpassungsfähigkeit, unserer Intelligenz und unserer Kreativität einen konstruktiven Weg finden, mit unserer Welt umzugehen.

Die individuelle Persönlichkeit muß die Unabhängigkeit und Reife entwickkeln, die erforderlich ist, um die augenblickliche Situation mit aller Deutlichkeit ins Auge zu fassen und sich die Zukunft zu vergegenwärtigen. Dann wird es möglich sein, die Richtung zu prüfen, in die wir gehen, und Perspektiven zu entwerfen, nach denen man die Dinge so beeinflussen kann, daß wir mit unserer Anpassungsfähigkeit, unserer Intelligenz und unserer Kreativität einen konstruktiven Weg finden, mit dieser Welt umzugehen – einer Welt, die ein wunderbarer Raum ist, um darin zu leben.

Der Umgang mit der Welt

Wenn man Montessoris Konzept der kosmischen Erziehung prüft, wird offensichtlich, daß das Erziehungs- und Entwicklungskonzept Maria Montessoris zur Entwicklung dieser Eigenschaften beiträgt.

Drei Aspekte der Konzeption einer kosmischen Erziehung

- Die konzeptionelle Sicht von der kindlichen, menschlichen Entwicklung
- Die Rolle der Erziehung und die Frage des angemessenen Weges, um den Kindern zu helfen, sich und ihre Fähigkeiten zu entwickeln
- Didaktische und methodische Aspekte zur Entwicklung der Imaginationsfähigkeit

Die konzeptionelle Sicht

Die konzeptionelle Sicht der kindlichen Entwicklung wird durch die grundsätzliche Frage J. Piagets charakterisiert (vgl. dazu auch Kapitel „Maria Montessori und ihre Pädagogik der Selbstbildung" Seite 9):

> ... ob denn die Kindheit nur ein notwendiges Übel sei, das man so schnell wie möglich beseitigen solle, oder ob wir verstehen können, daß Kindheit einen tieferen Sinn habe, den uns das Kind durch eine spontane Aktivität aufzeigen kann und den es in möglichst reichem Maße auskosten sollte.[114]

Die Bedeutung der Kindheit

Nach diesem Verweis auf die Eigenbedeutung der Kindheit besteht Piaget darauf, daß das Recht auf eine ethische und intellektuelle Erziehung mehr bedeutet als nur das Recht, sich Wissen anzueignen, zuzuhören und zu gehorchen: Es ist vielmehr ein Recht, gewisse wertvolle Instrumente für intelligentes Handeln und Denken auszubilden.

Dafür wird eine spezifische soziale Umgebung benötigt, nicht aber Unterwürfigkeit gegenüber einem festen System. Erziehung in der Schule und in der

Autonomie

---

114 Jean Piaget, Das Recht auf Erziehung und die Zukunft unseres Bildungssystems, München 1975

Familie muß auf die volle Entwicklung der menschlichen Persönlichkeit ausgerichtet sein. Sie sollte imstande sein, Individuen hervorzubringen, die sowohl intellektuell als auch moralisch autonom sind und solche Autonomie bei anderen respektieren, indem sie das Gesetz der Gegenseitigkeit anwenden, so wie es auf sie selbst angewandt wird. Diese Auffassung vom Menschen und der menschlichen Entwicklung beinhaltet ein erzieherisches Postulat: *Es kann nur dann möglich sein, ethisch denkende Menschen zu erziehen, wenn diesen in ihrem intellektuellen Lernen erlaubt ist, Wahrheiten selbst zu entdecken.*

Die Rolle der Erziehung

Die Integration der menschlichen Persönlichkeit

Als eine Besonderheit der Erziehungskonzeption Maria Montessoris können wir festhalten, daß es ihr erklärtes Ziel war (ist), menschlichen Wesen bei der gewaltigen Aufgabe des inneren Aufbaus zu helfen, der erforderlich ist, um aus der Kindheit ins Erwachsenenalter hineinzuwachsen.[115] Nach der pädagogischen Theorie Maria Montessoris ist die erste Integration des Menschen in seine Welt in den ersten sechs Lebensjahren von besonderer Bedeutung. Wir helfen den Kindern bei ihrer Entwicklung durch die Übungen des täglichen Lebens und durch die Übungen zur Sinnesschulung. Wir helfen den Kindern, daß sie Ordnungen finden können, daß sie in Bewegung lernen und ihre eigenen Fortschritte machen können (vgl. dazu auch die Kapitel über Übungen des täglichen Lebens und Sinnesschulung, Seite 39 ff).

Integration der eigenen Persönlichkeit

Ab dem sechsten Lebensjahr beginnt für Kinder ein neuer und ebenso bedeutender Entwicklungsabschnitt in ihrem Leben: nicht mehr die Integration ihrer Persönlichkeit in ihre Umwelt steht im Vordergrund sondern die Integration der eigenen Persönlichkeit.

Wenn ein Kind in den ersten sechs Lebensjahren die Hilfe erhalten hat, wie wir sie oben beschrieben haben, findet „eine Integration der Persönlichkeit" ungefähr um das sechste Lebensjahr herum statt.[116]

> Die kosmische Erziehung bietet die Art von Hilfe, die die neuen, auf dieser ersten Integrationsebene konsolidierten Potentialitäten aktiviert. Der Weg für diese Aktivierung ist durch indirekte Vorbereitung auf einer früheren Stufe geebnet worden. Alle Erfahrungen, die dem Kind früher in der vorbereiteten Umwelt geboten wurden, waren Grunderfahrungen, die entweder für die Ausbildung späterer Funktionen oder als Schlüssel gebraucht wurden, durch die es seine Welt erkunden oder sich in ihr orientieren konnte. Wenn es diese zweite Phase der Reife erreicht, sollte ihm eine umfassendere Sicht der Welt geboten werden, d.h. eine Sicht des ganzen Universums.[117]

Die Fragen der Kinder

Tatsächlich beginnen Kinder in diesem Alter die für ihre geistige Entwicklung wichtigen philosophischen Fragen zu stellen:
„Wer hat die Welt gemacht?"
„Woher kommt die Welt?"

---

115 Vgl. Mario Montessori, Erziehung zum Menschen, München 1977 S 131 ff.

116 Maria Montessori versteht darunter, daß sich das Kind nur verstärkt sich selbst, der bewußten Entwicklung seiner Persönlichkeit und metaphysischen Fragen zuwendet

117 Mario Montessori, Erziehung zum Menschen, München 1977, S 138

„Woher komme ich?"

In einer Konzeption der Kosmischen Erziehung kann es nun nicht darum gehen, den Kindern abgeschlossene und ihr Denken und Fragen abschließende Antworten zu geben. Vielmehr geht es darum, die *Imaginationsfähigkeit* der Kinder anzuregen, so daß sie ihre eigenen Vorstellungen zu ihren Fragen entwickeln können. Wir erzählen ihnen unsere Vorstellung als Geschichte und sagen auch dazu, daß dies unsere Vorstellung ist und auch wir die Wahrheit nicht kennen und geben den Kindern auch hier Material für ihre Entwicklung.

Wir erzählen Geschichten

Wie sollen diese Geschichten beschaffen sein, welche Materialien sollen wir den Kindern in die Hände geben? Maria Montessori gibt uns einen wesentlichen Hinweis, wie wir dem Interesse der Kinder am Universum und am Universellen, ihrem Interesse am Großen und Umfassenden begegnen können: *Den Kindern die Details geben, aus denen sie das Ganze erschließen können.*

Es ist nicht leicht für Lehrerinnen, die Details auszuwählen, aus denen für Kinder das Ganze erschließbar wird. Martin Wagenschein[118] gibt uns hier sicher einige Hilfen, wenn wir sein Prinzip des Exemplarischen beachten, das wunderbar zum Konzept einer kosmischen Erziehung paßt. Er bezeichnet das „Detail" Maria Montessoris als das „Exemplarische", das Gültigkeit in seiner Verallgemeinerung erlangen kann, das ein Beispiel ist und übertragbar sein muß. Dabei soll das Kind vom Staunen über das Phänomen(ale) ausgehen dürfen. Martin Wagenschein betont in diesem Zusammenhang auch den sogenannten genetischen Aspekt des Lernens, d.h.: Es soll für jeden Lernenden möglich sein, die Genese dessen, was er gerade lernt, nachzuvollziehen und zu entdecken. Auch Maria Montessori erzählt den Kindern aus diesem Grund „ihre" Geschichten. Mario Montessori, der Sohn der Dottoressa schreibt dazu:

Die Erschließbarkeit des Ganzen

> Kinder dieser Altersstufe sind fasziniert, weil diese Geschichte sie persönlich betrifft. Sie beginnen, sich ihrer eigenen Situation als sich entwickelnde menschliche Wesen bewußt zu werden und sie werden auf natürlich Weise des Unterschieds zwischen dem Menschen und anderen Lebewesen gewahr. Zwischen beiden und der Umwelt besteht eine Wechselbeziehung. Diese Wechselbeziehung wird deutlich in dem, was Maria Montessori als kosmische Aufgabe bezeichnet – den Dienst, den die Individuen jeder Spezies ihrer Umwelt leisten müssen, von der ihre Existenz abhängt, um sie in der Weise zu erhalten, daß sie auch ihren Nachkommen, Generation nach Generation, Unterhalt bietet.[119]

Die kosmische Aufgabe

Die Wechselwirkung zwischen Mensch und Umwelt ist jedoch eine spezifische: Er hat nicht nur den Drang, sich an die Umwelt anzupassen, sondern auch, sie dem eigenen Fortschritt angemessen zu verändern, gemäß seinen Bedürfnissen

---

118 Martin Wagenschein, Zum pädagogischen Problem der Methode, in: Heinrich Roth, Exemplarisches Lehren. Grundlegende Aufsätze aus der Zeitschrift Die Deutsche Schule, Reihe A, Bd.6; Hannover 1965
Martin Wagenschein, Verstehen lehren, Weinheim 1982
Martin Wagenschein, Erinnerungen für Morgen, Weinheim 1983
Martin Wagenschein, Die Erde unter den Sternen, Ein Weg zu den Sternen für jeden von uns. München 1952
119 Mario Montessori, Erziehung zum Menschen, München 1977

und seiner Imagination (oder deren Mangel). Eben das nannte Maria Montessori die kosmische Aufgabe des Menschen: *das Werk der Schöpfung fortzusetzen.*

Didaktische und methodische Aspekte

Das Interesse der Kinder bestimmt die Arbeiten und Materialien, die die Erzieher bereitstellen. Es ist aber bei der kosmischen Erziehung auch die Aufgabe des Lehrers, das Interesse des Kindes zu wecken – sei es durch eine Geschichte, ein Bild, einen Hinweis usw. Ist das Interesse einmal geweckt, so wird das Kind auch allein weiterforschen. Arbeitsmittel wie Globen, Pinzette, Mikroskop, Fossilien, Experimentiermaterialien, Karteien, Karten und Bücher sollte es in der Klasse vorfinden.

Freiarbeit
Während der Freiarbeitsphase haben die Kinder dann Gelegenheit, sich mit den Inhalten der einzelnen Erfahrungs- und Lernbereiche eigenständig und individuell auseinanderzusetzen, ihre Neugier zu befriedigen, ihren Wissensdurst zu stillen und ihre speziellen Interessen wahrzunehmen, auch wenn sich diese von denen ihrer Mitschüler grundlegend unterscheiden.

Um diese selbständige, zielorientierte Arbeit zu ermöglichen, sind bestimmte Rahmenbedingungen unerläßlich:

- eine bis ins Detail gut vorbereitete Umgebung, die übersichtlich gestaltet ist, ausreichende Lernanregungen bietet und jede Möglichkeit zur Selbstkontrolle der Lernprozesse beinhaltet;
- eine umfangreiche Sachbücherei;
- eine flexible Sitzordnung, die kooperative Arbeitsweisen erleichtert;
- ein Klima gegenseitigen Vertrauens;
- eine Lehrkraft, die die nötigen Hilfestellungen gibt und sensibel auf spezielle Interessen reagiert.

Vorbereitete Umgebung
Diese lernanregende, vorbereitete Umgebung wird nach den jeweiligen Bedürfnissen der Kinder während des Jahres in Zusammenarbeit von Lehrerin und Schülern ergänzt bzw. umgestaltet.

Die unterschiedlichen Arbeitsergebnisse und die neu erworbenen Kenntnisse werden – teilweise fächerübergreifend – ihren Niederschlag finden:

- in individuell gestalteten Plakaten,
- in selbst entwickelten Lernspielen,
- in eigenständig erarbeiteten Lernkarteien,
- in Ergänzung und Erweiterung bereits vorhandener Karteien,
- in selbst verfaßten Texten,
- in übersichtlich arrangierten Fensterbrettausstellungen,
- in originell gestalteten, sachlich richtigen Büchlein,
- in verschiedenen selbst angelegten Sammlungen,
- in eigenständig entwickeltem Arbeitsmaterial, das den anderen Mitschülern zur Verfügung gestellt wird.

Gemeinschaft
Kinder können bei dieser Arbeitsweise nicht nur ihr Selbstwertgefühl stärken, sondern auch Verständnis für die Leistungen und Interessen ihrer Mitschüler

entwickeln. So wird auch dem Erfahrungs- und Lernbereich Gemeinschaft im Rahmen der Freiarbeit intensiv Rechnung getragen.

Themenbereiche exemplarisch – teils von Maria Montessori vorgeschlagen und ausgearbeitet

Themenbereich „Geschichte des Universums"

Einstimmung in die Geschichte des Universums: Bildung der Vorstellung des Kindes, daß jeder Mensch ein Teil dieses Universums ist ...

Universum

Die Arbeit an der Schöpfungsgeschichte nach Maria Montessori:

- Erzählen der Geschichte
- Experimente – z. B. Vulkanausbruch
- Zeichnungen – Abbildungen zur Unterstützung der Imagination
- Finden einer eigenen Geschichte (Imaginationskraft) der Entstehung des Universums, der Welt, der Tiere, der Menschen

Die Orientierung in der Geschichte der Erde:

- Die Arbeit mit dem Schwarzen Band (auch buntes Band)[120]
- Erzählen der Geschichte vom Werden der Erde
- Entrollen und Auflegen des Schwarzen Bandes
- Arbeit mit dem schwarzen Band – Orientierung in der Zeit
- Arbeit mit Fossilien, Büchern, Zeittafeln ...
- Die Zeitalteruhr
- Evolutionszeitleisten
- Beispiel der Saurierzeitleiste
- Lineare Zeitmessung
- Lineare Zeitmessung in der Geschichte des Individuums

Beispiel 1 – Zur Schöpfungsgeschichte

    Maria Montessoris Schöpfungsgeschichte, die sie selbst den Kinder erzählt hat, ist wunderschön und sicher auch hoch interessant, aber für Kinder in der heutigen Zeit nicht immer geeignet. Außerdem ist es in jedem Fall besser, den Kindern eine eigene Schöpfungsgeschichte zu erzählen. Es kann Tage und / oder Wochen dauern, den Kindern immer wieder ein Stück der Schöpfungsgeschichte zu erzählen und mit ihnen Experimente zu machen, die das Geschehen während der Schöpfung des Universums für Kinder auch im wahrsten Sinne des Wortes begreifbar macht. Ganz besonderes Interesse erregt in diesem Zusammenhang sicher der Vulkan, den wir mit den Kindern zusammenstellen und der dann auch ausbrechen wird. Selbstverständlich sind alle Materialien anschließend auch in

Schöpfung

---

120   Wird anhand von Beispiel 2 erklärt. Das bunte Band ist in die Erdzeitalter unterteilt.

der Freiarbeit vorhanden, sodaß die Kinder das Geschehen immer wieder nachvollziehen und auch ihre eigene Schöpfungsgeschichte finden können.

Am Anfang der Schöpfungsgeschichte sind es vor allem Experimente zur Geschichte der Elemente, die sich verbinden und einen neuen Stoff ergeben sowie Experimente zu den Elementen, die sich nicht verbinden, zu warm und kalt, zu fest, flüssig und gasförmig und ...

Abbildung 81: Anordnung der Experimente zur Schöpfungsgeschichte

Stoffe, die sich verbinden: Verschiedene Stoffe werden in Flüssigkeiten aufgelöst. Die Kinder beobachten und bilden dabei ihre eigenen Hypothesen und Vorstellungen.

Abbildung 82: Experimente mit Flüssigkeiten

Abbildung 83: Durch Bewegung der Schüssel sinken schwere Stoffe ab und leichte tauchen auf.

Abbildung 84: Unser Vulkan kann wirklich ausbrechen.

Beispiel 2 – Schwarzes Band

Das Schwarze Band ist genau 50 Meter lang und ca. 30–40 cm breit. Die Länge des Bandes stellt die Zeitdauer der Entwicklung der Erde dar. Jeder Zentimeter ist eine Million Jahre – sind bei 50 m sind das 5 Milliarden Jahre, die wahrscheinliche Entwicklungsdauer unserer Erde. Nur der letzte Zentimeter besteht aus einem roten Streifen – die Entwicklungsdauer des Menschen. Wir rollen das Schwarze Band mit den Kindern auf, erzählen vielleicht die Geschichte der Erdentwicklung, gehen das Band mehrmals ab und versuchen die Zeit zu begreifen, vielleicht einzuteilen, (Wann kann was geschehen sein? Wohin lege ich

Abbildung 85: Am Anfang wird das Schwarze Band ausgerollt.

Abbildung 86 und 87: Das Schwarze Band wird gestaltet.

diese oder jene Fossilien? Wo finde ich das Königreich der Trilobiten?). Es ist imposant, diese lange Zeit zu sehen und symbolisch zu erleben. Die Arbeit wird dann mit verschiedenen Zeitleisten fortgesetzt.

Es kann auch das „Bunte Band" im Anschluß an das Schwarze Band mit den Kindern bearbeitet werden. Jede Farbe symbolisiert hier ein Erdzeitalter.

Themenbereich „Zeit"

Perioden, aus denen sich die Ganzheit wieder erschließen läßt

Ausgehend von der Arbeit mit dem schwarzen Band, das gleichsam die von Maria Montessori angesprochene Ganzheit darstellt, werden nun Perioden aus dieser Ganzheit „herausgenommen". Es bieten sich Arbeiten mit Zeitleisten zu verschiedenen Abschnitten der Geschichte an, z.B. zum Zeitalter der Saurier.

Die Arbeit wird mit verschiedenen Perioden der Menscheitsgeschichte bis zur individuellen Geschichte der Kinder fortgesetzt. Das Erleben individueller Zeitspannen ist für die Entwicklung des Kindes von entscheidender Bedeutung. Im Jahreskreis geht jedes Kind z. B. seinen individuellen Lebensweg nochmals ab und erzählt seine Geschichte.

Jahreskreis: Wie lange bin ich nun schon auf dieser Welt, was habe ich alles erlebt?

Abbildung 88: Jahreskreis zum Erzählen der Lebensgeschichte.

Themenbereich „Biologie"

Die Naturwissenschaften

Themen der Biologie - exemplarisch und Experimente
Wachstum und Ökologie:
- Bedingungen des Lebens und des Wachstums:
- Pflanzenexperimente

- Pflege der Pflanzen und der Tiere
- Beobachtungsaufgaben

Biologische Experimente: Wir studieren die Bedingungen des Wachstums einer Pflanze.

Abbildung 89: Bedingungen des Lebens.

Themenbereich „Geographie"

In ihrer Entwicklungspsychologie des Schulalters[121] gibt Maria Montessori eine Fülle von Gedanken zur kosmischen Erziehung, u.a. auch das Beispiel „Studium des Wassers", das ich hier exemplarisch für andere Studien in der kosmischen Erziehung wiedergeben möchte:

Das Studium des Wassers

> Beginnen wir das Studium des flüssigen Wassers mit dem Problem der Flüsse, die in ihren Wasssern die festen Stoffe in schwebendem Zustand zum Meer mit sich führen. Das Flußwasser ist reichlich mit Salzen durchsetzt. Sogar da noch leiht die Mathematik der Vorstellungskraft ihre Hilfe: Es ist schon gut zu sagen, daß die Flüsse eine enorme Menge von Salzen mit sich führen. Aber zu erwähnen, daß der Mississippi allein täglich 70 Millionen kg Kalkstein ins Meer trägt und daß alle unsere Flüsse gemäß ihrer Größe dasselbe tun, das läßt eine Menge von Fragen auftauchen: „Wo bleibt dieser Kalkstein? – und seit wann geschieht das so? – Und wie kommt es, daß das Wasser des Meeres von all den Salzen nicht gesättigt ist? (...)
>
> Die Idee ist entworfen. Alles hängt zusammen, und wenn man von einem Detail ausgeht, kommt man durch den Zusammenhang zum Ganzen. (...)
>
> Das Wasser ist unter anderem ein auflösendes Element. Bestimmte Stoffe lösen sich im Wasser auf und sind in dem aufgelösten Zustand nicht mehr sichtbar (wie z.B. der Zucker). (...)
>
> Dieser Teil des Studiums ist der geheimnisvollste, weil das, was sich dem Auge entzieht, gerade das größte Interesse hervorruft. (...)
>
> Betrachten wir jetzt den Vorgang: Das Wasser bemächtigt sich des Kalksteins, absorbiert ihn und nimmt ihn mit sich. Wenn wir diesen Vorgang nicht sehen, so liegt es daran, daß das Wasser eine lange Zeit braucht, um diese Arbeit zu verrichten (...)

Die Salze im Meer

Wasser - ein auflösendes Element

121 Maria Montessori, Von der Kindheit zur Jugend, Entwicklungspsychologie des Schulalters, Freiburg 1966

Bringen wir dann die Kinder zu der Beobachtung, daß alle großen Flüsse der Erde ihre Wasser und ihr Salz einem einzigen Ozean zuführen: dem Atlantischen Ozean; sei es direkt oder mittels anderer Meere (Eismeer, Mittelmeer, usw.), die immer mit dem Atlantik in Verbindung stehen. (...) Ein großer Teil des Kalksteines bleibt als Ablagerung auf dem Meeresboden zurück. Und da der Atlantik bis heute noch nicht zugeschüttet ist, so liegt es wohl daran, daß diese Substanzen sich auf alle anderen Meere verteilt haben. (..)

Das kosmische Problem

Es ist nun wirklich eindrucksvoll, daß all dieser Kalkstein, der dem Meere seit Hunderttausenden von Jahren zugeführt worden ist, nichts an der Zusammensetzung des Wasser geändert hat. Und das Leben aller Lebewesen im Meer hängt davon ab. Das kosmische Problem besteht dann darin, diesen kohlensauren Kalk auszuräumen, damit das Wasser unverändert bleibt. Aber wie kann man das, was aufgelöst ist wegschaffen? Es ist unmöglich das Meerwasser zum Kochen zu bringen! Aber da mischt sich jetzt im Innern des Meeres eine andere aktive Kraft ein: es ist eine Energie, die sich zur Aufgabe gemacht hat, die ganze aufgelöste Substanz zu binden, und diese Energie ist das Leben. Es gibt tatsächlich lebende Tiere, die das Kalziumkarbonat binden. (...) Das sind die Tiere, die sich mit Muscheln umgeben und die eine wahre Kraft darstellen, damit beauftragt, sich des überschüssigen Kaliumskarbonats zu bemächtigen und es zu binden.

Das Studium der Wassermuscheln ist für die Kinder von großem Interesse: (..)

Korallen

Die Tiere, die in diesem Bereich die bedeutendste Funktion einnehmen, sind die Korallen. Die Korallen haben die Eigentümlichkeit, unbeweglich zu sein. (..)

Weiter kommen wir auf die Mineralogie, auf bestimmte physikalische Grundsätze in bezug auf die Eigentümlichkeit des Wassers und ebenfalls auf Grundzüge der Chemie zu sprechen, um zu erklären, wie das Wasser die Felsen zerstören kann.

Flußbett: Wir lassen es regnen und beobachten die Kraft des Wassers und dessen Wirkung auf die Erde und die Pflanzen.

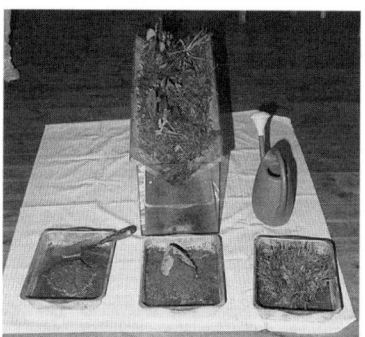

Abbildung 90: Wir haben ein Flußbett gebaut, um die Kraft des Wassers zu studieren.

Alle diese Elemente bilden Teile eines Ganzen, das aufregend wie eine Geschichte ist: Sie erzählen uns die Geschichte der Erde."[122]

Themen

- Exemplum: Wasser
- Der Kreislauf
- Erosion
- Aggregatzustände
- Schwerkraft
- Experimente und Beobachtungen

---

122 Maria Montessori, Von der Kindheit zur Jugend, Entwicklungspsychologie des Schulalters, Freiburg, 1966, S. 55ff.

Thema „die Erde in unserem Sonnensystem"

Es ist kein Geheimnis, daß fast niemand über die Dinge des Himmels etwas Rechtes weiß; es sei denn Gelerntes, und nicht Erfahrenes und Erlebtes.

Die Wahrheit über die Sterne und ihre Bewegung liegt nicht offen zutage. Sie ist wie verschlossen hinter vielen Türen. Wenn wir sie von Grund auf und auf natürliche Art einsehen wollen, müssen wir diese Türen eine nach der anderen öffnen.[123]

Wir könnten unser Studium mit dem Mond beginnen. Haben Sie sich schon einmal gefragt, warum der Mond jeden Tag zu einer anderen Zeit „aufgeht", warum er verschiedene Gestalten annehmen kann, ob und wie er unsere Erde umkreist, wie lange er für eine Erdumkreisung braucht, warum wir ihn meist in der Nacht, aber nicht am Tag sehen können, warum es manchmal eine Sonnenfinsternis gibt?

Was wissen wir über den Mond?

Fragen über Fragen über den Mond. Das Studium kann beginnen.

Themen

- Unser Sonnensystem
- Planeten
- Stellung Erde – Sonne
- Jahreszeiten
- Tag – Nacht

Zusammenfassung

Die kosmische Erziehung ist keinesfalls ein Teilbereich der Montessori-Pädagogik. Sie ist vielmehr der Überbau oder die pädagogische Klammer der Montessori-Pädagogik. Auch die Entdeckung der Mathematik, die Entdeckung der Sprache und der Naturwissenschaften sind Teile der von Maria Montessori so verstandenen Kosmischen Erziehung des Menschen.

Abbildung 91: Selbständige Erforschung der Fragen – Bilden einer Vorstellung

Nur wer Wahrheiten in seinem Leben immer wieder durch intelligentes Handeln selbst entdecken darf...

aus dem Detail das Ganze erschließen

Kinder, deren sensible Phasen die entsprechende Berücksichtigung für ihre Entwicklung gefunden haben, denen mit Achtung vor der Entwicklung jedes Lebewesens begegnet worden ist und die selbsttätig und selbständig in Eigenverantwortung lernen und leben durften, können das Detail annehmen, aus dem wir das Ganze erschließen, Wahrheiten selbst (er)finden, die Schöpfung Gottes fortsetzen.

Eigenverantwortung

Piaget stellt nicht unbegründet die Hypothese auf, daß so erzogene Menschen in ihrer Moralität und ihren Einstellungen sich selbst und der Welt gegenüber verantwortungsvoller und friedfähiger denken, fühlen und sich verhalten.

Friedfähigkeit

Das Konzept der kosmischen Erziehung und damit die Berücksichtigung der pädagogischen Prinzipien Maria Montessoris haben als pädagogische Leitlinien

---

123 Martin Wagenschein, Die Erde unter den Sternen, Ein Weg zu den Sternen für jeden von uns. München 1952. S. 7f.

und als in sich geschlossenes pädagogisches System für jegliches pädagogische Handeln allgemeine Gültigkeit erlangt.

Vorstellungen   Dies gilt gleichermaßen für das Erlernen der Mathematik und der Sprache. Auch hier sind die Grundgedanken der kosmischen Erziehung voll und ganz gültig. Mathematik und Sprache lernt jedes Kind in der Schule, doch der genetische Aspekt wird oft vernachlässigt. Die folgenden Geschichten sind „meine" (durchaus möglichen und begründeten) Vorstellungen von der Entstehung der Zahlen und des Zählens und von der Entstehung der Sprache und der Schrift. Doch es sind Geschichten, die die Imaginationskraft der Kinder anregen sollen, sodaß sie ihre eigene Geschichten finden können, eine Vorstellung davon, wie etwas gewesen sein könnte – in *ihrer eigenen Vorstellung*.

Die Geschichte der Zahlen und des Zählens

> Die Erfindung der Zahlen stürzte die
> Menschheit in eines ihrer größten geistigen
> Abenteuer.
> Es dauert bis heute an.

Die Geschichte des Zählens ist eng verbunden mit der Geschichte der Sprache und der Geschichte der Schrift.[124]

Die Geschichte des Zählens und der Zahlen ist ein ganz bedeutendes und spannendes Kapitel der Menschheitsgeschichte überhaupt. Zählen ist eine der großen Schöpfungen der Menschheit.

Eine der größten Erfindungen der Menschheit

Jahrtausende hat die Menschheit für diese schöpferische Entwicklung gebraucht. Diese phylogenetische Entwicklung[125] wiederholt jedes Kind in den Entwicklungsstadien seiner Ontogenese, in seinem Werden, in seiner individuellen Entwicklung.

Ich erzähle Kindern die Geschichte des Zählens und der Zahlen, damit diese ein Bewußtsein entwickeln können von der Entwicklung der Menschheit und ihrer Entwicklung, von ihrem Werden und Gewordensein. Ich erzähle ihnen eine Geschichte, wie Menschen ihre (äußere) Welt geordnet haben, indem sie eine innere Ordnung (geistig) gefunden haben. *Denken ist Ordnen des Tuns.*

Eine individuell zusammengestellte Geschichte

In diesem Sinn müssen wir Kindern die Gelegenheit geben, daß sie in ihrer individuellen Vorstellungskraft diese Entwicklung der Menschheit in ihnen sich und auch ihre eigene Entwicklung vollziehen können, indem wir ihr imaginäres Denken anregen und fördern. Noch einmal:

Zur imaginativen Sicht der Dinge

> Wie Maria Montessori selbst darlegte, ist die imaginative Sicht von der bloßen Wahrnehmung eines Gegenstandes gänzlich verschieden, denn sie hat keine Grenzen. Die Imagination kann nicht nur unendliche Räume durchmessen, sondern auch unendliche Zeitspannen; wir können die Epochen nach rückwärts verfolgen und eine Vision der Erde haben, wie se damals war, mitsamt den Geschöpfen, die sie damals bewohnten. Um zu erfahren, ob ein Kind etwas verstanden hat oder nicht, sollten wir zu ermitteln versuchen, ob es sich eine geistige Vorstellung davon bilden kann, ob es über die Ebene des bloßen Verstehens hinausgehen kann ... Das Geheimnis eines guten Unterrichts ist es, die Intelligenz des Kindes als fruchtbares Feld anzusehen, auf dem Saat ausgestreut werden kann, um in der Wärme der feurigen Imagination zu keimen. Deshalb ist es nicht nur unser Ziel, das Kind etwas verstehen zu lassen und, weniger noch, es zu zwingen, etwas im Gedächtnis zu behalten, sondern seine Imagination so zu berühren, daß sein innerster Kern begeistert wird.[126]

---

124 Vergleiche auch das Kapitel: „Die Geschichte der Sprache und der Schrift" S. 133

125 = stammesgeschichtliche Entwicklung der Menschheit

126 Zitiert nach Maria Montessori, Kosmische Erziehung, (hrsg. von Paul Oswald und Günter Schulz-Benesch) Herder, Freiburg 1988, Originalzitat: Maria Montessori, To Educate the Human Potential, Adyar Kalakshetre 1948, S. 14-15

Wie das Zählen und wie die Zahlen entstanden sein könnten

Jeder Lehrer muß seine eigene Geschichte erzählen. Ich beginne meine Geschichte des Zählens und der Zahlen mit einer Vorstellung:

Eine Welt ohne Zählen...

Es gibt die Welt und alle Dinge in ihr, aber niemand hat sie je gezählt! Warum auch?

(Es gibt auch heute noch Menschen mit einem hohen geistigen Niveau, die nicht in unserem Sinn zählen können, aber zu für uns unvorstellbaren geistigen Leistungen imstande sind. Ich verweise hier auf die australischen Aborigines. Sie zählen eins, zwei, viele...[127]).

Es mußt wohl einen oder mehrere bedeutende Anlässe in der Geschichte der Menschheit gegeben haben, die die Menschen zur Erfindung des Zählens veranlaßt haben.

Vergleiche, Zuordnungen

Manche Forscher meinen, daß der noch als Nomade lebende Mensch, in lebenswichtiger Abhängigkeit von seinen Tieren lebend, wissen wollte, ob er noch alle Tiere hatte ...

Er konnte aber nicht zählen ... er begann zuzuordnen und Verbindungen herzustellen.

Etwas auf dem Kerbholz haben

Aus dem Ende der Altsteinzeit vor 10 000 Jahren stammen Tierknochen mit eingeritzten Kerben, die als primitive Zählinstrumente dienten. Die Kerben entsprachen noch dem einfachsten denkbaren Zeichensystem – die Finger hochstrecken und für jede Zahl ein Zeichen setzen ... : I, II, III , eine Zählweise, die unseren Kindern heute noch vertraut ist.[128] Doch dazu mußten das Zählen und die Zahlen wohl schon abstrakt erfunden sein. Also gibt es noch eine Vorstufe: der Vergleich einer Konstanten mit einer Variablen. Der Hirte konnte vergleichen, ob die Anzahl der Tiere der Anzahl der Kerben der Finger oder der gelegten Stöckchen entsprach. Wieviele es waren, konnte er aber mit Sicherheit nicht benennen. Der Vergleich oder das „*Zählen*" mit den Fingern hatte leider einen entscheidenden Nachteil: Mehr als 10 (oder 20 mit Beiziehen der Zehen) konnten nicht verglichen oder gezählt werden. Andere Körperteile dienten in der Folge ebenso zum Vergleich oder zum Zählen – Kinder sagen auch einfach: „So viele!" und vergleichen mit den Fingern.

Zuordnungen und Vergleiche mit Körperteilen, wie z.B. mit den Fingern und den Zehen waren naheliegend. Beispiele körperbezogenen „Zählverhaltens" gibt es aber nicht nur vergleichend mit Fingern und Zehen.

Wenn ich nun nach diesem System des Herstellens von Zuordnungen und Verbindungen eine größere Menge von Dingen erfassen möchte, kann es sein, daß ich mit den Zuordnungs- und Vergleichsmöglichkeiten nicht mehr das Auslangen finde. Neue Lösungen des auftretenden Problems mußten erfunden werden.

---

127 Verweis: Bruce Chatwin, Traumpfade, München 1990

128 Interessanterweise beginnt bei Maria Montessori das kindliche Zählen auch mit sogenannten festen Mengen, z.B. mit den blauroten Stangen. Hier ist auch eine Entsprechung der Ontogenese mit der Phylogenese im Montessori-Material zu erkennen.

Die Sumerer (Erfinder der ältesten Schrift)[129] und die Babylonier benutzten 60 als Grundlage ihres Zahlensystems – der Grund dafür ist laut Georges Ifrah nicht bekannt. Sie haben damit ein System entwickelt, das heute noch bei den Winkelmaßen und bei der Uhrzeit erhalten ist.

Die Weiterentwicklung verschiedener voneinander unabhängiger Kulturen brachte verschiedene Schritte in der Entwicklung des Zählens und der Zahlen mit sich.

Wer das Zählen erfunden hat, wissen wir mit endgültiger Sicherheit nicht. Wir wissen aber, daß bei den frühen Hochkulturen der Sumerer und der Ägypter Zählsysteme mit wenigen Keilschriftzeichen oder Hieroglyphen auftauchten.

Die Sumerer

Durch die Einführung eines Verwaltungssystems und die Notwendigkeit einer Steuer- und Abgabenerfassung entwickelten die Sumerer ein Aufzeichnungssystem für Steuern und Abgaben.

Die Leiter der Verwaltung von Susa verfügten über ein ziemlich ausgearbeitetes System der Buchführung, wobei eine gegebene Zahl, die z.B. der Abschlußsumme bei einem Handelsgeschäft entspricht, durch eine bestimmte Anzahl von *calculi* – Gegenstände aus ungebranntem Ton unterschiedlicher Größe und Form – dargestellt wird; die *calculi* stehen für die Einheiten eines Zahlensystems. Sie werden daraufhin in eine hohle, aus Lehm geformte *Bulle* von der Form einer Kugel oder eines Eis eingeschlossen, die versiegelt wird, um die Echtheit und Unverletzlichkeit zu garantieren.

Verwaltung

Die Bulle wird in den Archiven aufbewahrt und zur Überprüfung oder bei Streitfällen zwischen den Parteien zerschlagen, um die calculi nachzählen zu können.

Die Bulle

Dieses System der Buchführung hat den Nachteil, daß bei jeder Überprüfung des festgehaltenen Geschäfts die Bulle zerstört werden muß. Zur Überwindung dieser Schwierigkeit wandten die Buchhalter von Susa ein Verfahren an, das dem Gebrauch der Kerbhölzer entspricht. Auf der Außenseite der Bulle wurde die Anzahl und die Form der eingeschlossenen calculi festgehalten – mit verschiedenen Zeichen eingekerbt. Es handelt sich sozusagen um ein Inhaltsverzeichnis.

Mit der Zeit wurde aber auf diese doppelte Buchführung verzichtet. Die Bullen wurden durch roh abgerundete oder längliche Lehmbrocken ersetzt, die auf der Vorderseite dieselben Informationen enthalten, die früher auf der Bulle vermerkt worden waren. Die Tontäfelchen werden mit der Zeit immer gleichmäßiger, die Zahlzeichen nehmen immer regelmäßigere Formen an.

Von der Bulle zur Tontafel

Die Sumerer gelten ebenso als Entdecker der Zahl 0, das Zeichen für eine *leere Bulle*.

---

129 Vergleiche auch das Kapitel: Die Geschichte der Sprache und der Schrift S. 133

Stellenwerte

Unter allen alten Systemen stach das sumerische bereits um 1800 v.Chr. durch eine Neuerung heraus: Die Ziffernsymbole wurden nach ihrem Stellenwert nebeneinander gesetzt. Das additive Prinzip der Ägypter und der Römer stellte hier wieder einen Rückschritt dar.

In unserem Zehnersystem bedeutet dies:

Die „1" hat nur den Wert eins, wenn sie rechts außen steht. Mit jeder Stelle, die sie nach links rückt, verzehnfacht sich ihr Wert wie in 10, 100 oder 1000 – übrigens ein Relikt der im Osten üblichen Schreibweise von rechts nach links.

Dieses Positionssystem erforderte jedoch ein neues Zeichen, das nur die Stelle markierte, aber ansonsten „nichts" darstellte – die Null.

Somit können die Sumerer als die Erfinder

- der ersten Zifferndarstellung
- des ersten Systems der Stellenwerte und
- der Null

gelten. Es sollte aber noch lange dauern, bis sich diese Erfindungen endgültig durchsetzen werden.

Die Ägypter

Mit ihren seit Ende des vierten Jahrtausends v. Chr. verwandten Ziffern, die Bestandteil der Hieroglyphenschrift waren, konnten die Ägypter ganze Zahlen bis zu einer Million oder mehr darstellen. Es handelte sich um eine Zahlenschrift auf dezimaler Basis, der das additive Prinzip zugrunde lag.

Die *Ägypter* addierten Zahlen nach einem simplen Verfahren: Nebeneinanderstehende Zeichen wurden einfach zusammengezählt.

Dieses Ziffernsystem war ein Abbild des Zählens mit Gegenständen wie Kieseln, Stäbchen usw. Um eine bestimmte Zahl mit Hilfe von Hieroglyphen wiederzugeben, mußten die den einzelnen Einheiten zugeordneten Ziffern ihrer Anzahl entsprechend wiederholt werden.

Die Hypothese von der Beeinflussung des ägyptischen Zahlensystems durch das sumerische ist letztlich nicht erwiesen. Die Notwendigkeit der Entwicklung eines Zahlensystems ergibt sich jedoch sehr stichhältig aus der Geschichte: Landvermessungen, Astronomie, Verwaltung und dgl.

Der Zahlenbedarf der Sumerer wie der Ägypter war praxisorientiert: Sie mußten stets aufs neue Land vermessen, Vorräte anlegen und Steuern eintreiben. Sie beobachteten den Lauf der Gestirne und legten einen 365-Tage-Kalender an.

Bereits die Ägypter orientierten sich an der 10 als Zähleinheit: ein frühes Beispiel eines dekadischen Systems. Sie benutzten Zahlenzeichen mit 7 Hieroglyphen.

Die Römer

Die römischen Ziffern sind mit hoher Wahrscheinlichkeit von den Ein-
ritzungen der Kerbhölzer abgeleitet. Das römische Zahlensystem bringt
keine qualitative Erneuerung bis auf einige Zeichen, mit denen Ziffern-
gruppen zur Vereinfachung der Schreibweise dargestellt wurden. Auch
das römische System ist ein additives System.

Noch immer additives Zählen

I 1	II 2	III 3	IV 4	V 5	VI 6	VII 7	VIII 8	IX 9	X 10

XI 11	XIV 14	XV 15	XIX 19	XX 20	XL 40	L 50	LX 60	LXX 70

C 100	CC 200	D 500	M 1000

Das Rechnen mit Schnüren

Die *Inkas* rechneten mit Schnüren, den sogenannten *quipus*[130]. Eine Zahlenschrift ist nicht überliefert.

Zählen ohne Zahlzeichen

In jeder Stadt, jedem Dorf und jedem Distrikt des Inkareiches hatten königliche Beamte die Aufgabe, quipus herzustellen und zu deuten
sowie die Regierung über wichtige Angelegenheiten zu informieren.
Alljährlich registrierten sie die in einer Region abgelieferten Produkte
und zählten die Angehörigen der verschiedenen Schichten der Bevölke-
rung. Die Resultate übertrugen sie auf Knotenschnüre und gaben diese
Register schließlich weiter in die Hauptstadt.[131]

Woher kommt die Schreibweise unserer Zahlen?

Es dauerte bis zum 6. nachchristlichen Jahrhundert, bis die 0 von den
Hindu-Kultur Indiens wiederentdeckt wurde. Zwei Jahrhunderte später
hatten die Sanskrit sprechenden indischen Völker unser heutiges dezi-
males Positionssystem einschließlich der Null entwickelt.

Die Entwicklung bis zu unseren Zahlen und zu unserem System

Die Araber, ursprünglich ohne Zahlensystem, übernahmen nun
eine einzigartige Vermittlerrolle. Sie brachten die indischen Ideen ins
eroberte Spanien. Von dort wurden die „arabischen" Ziffern auch den
lateinischen Gelehrten bekannt und fanden damit in Europa immer
mehr Verbreitung.

Die Araber und die Inder

Hinhaltenden Widerstand löste aber weiterhin die Null aus: Wie
kann etwas, das selbst nichts ist, zu anderem hinzugefügt, dessen Wert
verzehnfachen? – man übersah den Unterschied zwischen Zeichen und
Bezeichnetem, zwischen isoliertem Wert und Stellenwert.

Es dauerte aber bis ins 16. Jh., bis es dem Bergwerksbuchhalter
Adam Riese aus Staffelstein / Main gelang, das indisch-arabische Zahlsy-

Adam Riese

---

130 Knotenschnüre
131 Georges Ifrah, Universalgeschichte der Zahlen, Frankfurt 1987

stem in einem Mathematikbuch so darzustellen, daß es sich auch im Volk durchzusetzen begann.

Adam Riese verdanken wir die Durchsetzung des Systems der Stellenwerte und der Null durch sein Werk: „Rechnung auf der liniken und federn auff allerley handtierung".

Vorteile des Systems
Die Vorteile wurden langsam einsichtig: Das System der Stellenwerte benötigt weniger Zeichen, man kommt mit neun Grundzeichen und der Null aus, und es ist möglich, Zahlen beliebiger Größe darzustellen. Dieses Zahlensystem ist unendlich, außerdem ermöglicht es das praktische Rechnen auf Papier.

Aber es fehlten die Namen für große Zahlen, und erst 1870 wird der Begriff der Milliarde eingeführt.

Die Entstehung von Sprache und Schrift

Über die Suche nach dem Ursprung der Sprache

> Der Mensch ist nur Mensch durch die Spra-
> che, um aber die Sprache zu erfinden,
> müßte er schon Mensch sein
>
> Johann Gottfried Herder

Der ägyptische König Psammetich I. führte – so berichtet der griechische Geschichtsschreiber *Herodot* – im 7. Jh. v.Chr. ein Experiment durch, um herauszufinden, welches die älteste Sprache der Menschheit sei. Er ließ zwei neugeborene Knaben in einer einsamen Hütte bei einem Hirten, der mit ihnen nicht sprechen durfte, aussetzen. Psammetich I. hoffte, sie würden ohne Beeinflussung durch andere Menschen in der Sprache ihrer ältesten Vorfahren zu reden beginnen. Als die beiden Knaben nach zwei Jahren immer wieder einen Laut ausstießen, der wie das phrygische Wort bekos (Brot) klang – tatsächlich aber vielleicht nur dem Meckern der Ziegen nachempfunden war -, glaubte der König, der Fall sei entschieden: Das Phrygische mußte die Ursprache der Menschheit sein, die Phryger in Kleinasien (und nicht, wie zuvor angenommen, die Ägypter selbst) waren das älteste Volk.[132]

Auf der Suche nach dem Ursprung der Sprache

Die Frage nach der „Ursprache", nach den Ursprüngen und Anfängen artikulierter Verständigung, hat also die Menschheit seit jeher bewegt.

Eine Antwort auf die Frage, wie die Sprache entstand, ist die Annahme, sie sei überirdischen Ursprungs, ein Werk der Götter, von denen sie der Mensch bei seiner Erschaffung fertig verliehen bekam:

Die Mythologie als Quelle

Für die alten Ägypter war der Sprachspender der Gott Ptah, „der den Namen aller Dinge verkündet hat", Amun, der „seine Rede inmitten des Schweigens öffnete"...

Ägyptische Kultur

Nach dem babylonischen Weltschöpfungsepos *Enuma elisch* traten alle Dinge – Himmel, Erde und Götter – ins Dasein, als der Schöpfergott Apsu ihnen Namen gab: „Mit Namen wurden sie genannt."

Babylonische Kultur

In der *Rigveda*, einem Hymnenbuch aus dem Indien des späten zweiten Jahrtausends v. Chr., heißt es: „Die Göttin Vac" (die Rede) „haben die Götter erzeugt",...

Indische Kultur

Nach der germanischen *Snorra-Edda* wurden die Menschen von den göttlichen Söhnen des Altvater mit „Antlitz, Rede, Gehör und Sehkraft" ausgestattet ...

Germanische Kultur

Im altenglischen Runenlied der Angelsachsen heißt es: „Der Ase (Wodan) ist der Urheber aller Rede".

Altenglische Kultur

Noch im Neuen Testament finden wir Beispiele für die Kraft und die Bedeutung des Wortes: „Am Anfang war das Wort, und das Wort war bei Gott und Gott war das Wort."[133]

Vorstellungen unseres Kulturkreises

Die *Genesis* schildert im einzelnen, wie Gott die Welt und alle Dinge durch sein Wort schuf und sie benannte: „Und Gott sprach, es werde ..."

Fruchtbare Diskussionen über sprachphilosophische Fragestellungen finden wir fast in jeder Zeit der Menschheitsgeschichte:

Philosophische Quellen

---

132 Dieser grausame Menschenversuch wurde im Mittelalter noch zweimal wiederholt.

133 Der Beginn des Johannes-Evangeliums

Abbildung 92: Als berühmtestes Werk dieser Epoche darf Johann Gottfried Herders 1772 veröffentlichtes Werk „Abhandlung über den Ursprung der Sprache" gelten. Herder vertritt in diesem Werk eine Art „Nachahmungstheorie", die den Ursprung der Sprache im Nachempfinden von Naturlauten sah. Daneben existierte in demselben Werk auch eine sogenannte „Interjektionstheorie", die den Ursprung der ersten Wörter in emotionalen Ausrufen annahm, und auch eine Gestentheorie, die den Ursprung der menschlichen Verständigung nicht in Lauten, sondern in Gesten sah.

Reiz-Reaktions-Mechanismen

Platons Dialog „Kratylos", der die Frage behandelt, ob die Wörter und Begriffe aus der Natur kommen oder menschliche Übereinkunft sind, und Lukrez Lehrgedicht „De rerum natura" sind nur zwei bedeutende Beispiele.

Die Zeit des Nachdenkens über das Problem der Entstehung der Sprache begann mit der Epoche des *Rationalismus*:

Trotz weiterführender moderner sprachvergleichender, naturwissenschaftlicher, hirnphysiologischer und ähnlicher Forschungen bleibt eines bestehen: Die ersten sprachlichen Äußerungen des frühen Menschen haben keinerlei Zeugnis hinterlassen, sie sind für alle Zeit verklungen, und keine Methode ermöglicht es, herauszufinden, ob diese ersten Sprachäußerungen nun aus Empfindungslauten entstanden, Naturtöne nachahmten, von einem Arbeitsrhythmus inspiriert wurden oder vorwiegend aus Gesten bestanden.

Exkurs: Kommunikationssysteme im Tierreich

Der Streit um die „Sprachfähigkeit" der Tiere dauert bis heute an. Dahinter verbirgt sich auch die Frage, ob der Mensch tatsächlich als einziges Wesen über die Sprache verfügt, und der Sprachbesitz eines seiner wichtigsten Unterscheidungsmerkmale zum Tier darstellt. Diese Auffassung läßt sich bis in die Antike zurückverfolgen. Der griechische Philosoph *Aristoteles* schrieb im 4. Jh. v. Chr., daß „der Mensch unter allen tierischen Wesen allein im Besitz der Sprache ist ...". „Tierische Rufe", führt er weiter aus, „lassen sich nicht zu Silben vereinigen ..."[134] Ganz unangefochten war dieser Standpunkt freilich nie. Vor allem *Darwin* rückte dieser scheinbar unüberbrückbaren Kluft zwischen Mensch und Tier mit seinen Mitstreitern zu Leibe.

Auch in der modernen Kommunikationsforschung stehen sich zwei unterschiedliche Positionen gegenüber:

Kontinuitätstheorie

Vorstufen, Ansätze und Elemente sprachlicher Verständigung sind bereits im Tierreich vorhanden. Durch deren Erforschung hofft man, Hinweise auf eine stufenweise Evolution der artikulierten Sprache aus solchen tierischen Anfängen zu bekommen.

Diskontinuitätstheorie

Die menschliche Sprache ist ein völlig anderes und einzigartiges System, das nicht auf irgendwelche Vorläufer im Tierreich zurückgeführt werden kann.

Sehr viele Signale im Tierreich basieren auf gleichsam automatisch ablaufenden Reiz-Reaktions-Mechanismen. Auslöser für solche Signale

---

134 Vgl. Martin Kuckenburg, Die Entstehung von Sprache und Schrift, Köln 1989, S. 28

können emotionale Zustände sein (wie z.B. beim Fortpflanzungsverhalten der Tiere) oder auch äußere Faktoren. Auch Gehirnuntersuchungen stützen diese Vermutung. Sie ergaben, daß Lautäußerungen bei Rhesusaffen nicht von der Großhirnrinde gesteuert werden, die die meisten intellektuellen Prozesse lenkt sondern vom sogenannten limbischen System, das mehr für die Gefühls- und Instinktbereiche zuständig ist. Das ändert aber nichts an der Tatsache, daß zwischen den Artgenossen wichtige Informationen vermittelt werden.

Nach welchen Prinzipien funktioniert nun aber unsere Sprache? Was unterscheidet sie von anderen Kommunikationssystemen?

Tiersignale sind in der Regel an unmittelbare Stimmungen und Situationen gebunden und daher nicht für eine Verständigung über abstrakte Dinge, über Fernliegendes, Vergangenes oder Zukünftiges geeignet. Ein einzelnes „Tiersignal" übermittelt zumeist eine ganze Botschaft, funktioniert meist nur innerhalb bestimmter Grenzen und ist – bis auf wenige Ausnahmen – nicht erweiterbar und ausbaufähig. Wollte man tierische Verständigungssysteme als Sprache bezeichnen, so wären diese faktisch mit dem allgemeineren Begriff „Kommunikation" identisch.

Kommunikation ist nicht unbedingt gleich Sprache

Die menschliche Sprache (und damit die Sprache im eigentlichen Sinn) zeichnet sich durch ihre Vielseitigkeit und Variabilität aus. Sie ist ein *offenes* System, sowohl im Hinblick auf die Art wie auch auf die Menge der übermittelbaren Information.

Die menschliche Sprache

Vergleichsweise wenige für sich bedeutungslose Grundlaute, die *Phoneme*, erlauben durch unterschiedliche Kombination die Bildung einer großen Zahl von Bedeutungseinheiten (Morphemen) und Wörtern – von Lautfolgen also, die als Symbole für bestimmte Dinge und Begriffe stehen und sich ihrerseits zu einer unbegrenzten Zahl von größeren Sinneinheiten mit höherem Informationsgehalt, den Sätzen, zusammenstellen lassen. Die Regeln der Grammatik bzw. Syntax, nach denen diese Satzbildung erfolgt, sind ebenso wie die Wörter und ihre Bedeutungsinhalte – der Wortschatz bzw. das Vokabular – durch gesellschaftliche Übereinkunft festgelegt und werden durch Tradition weitergegeben.[135]

Dank der Sprache können wir uns über alle nur erdenklichen Themenbereiche verständigen, und sollte es in irgendeiner Sprache noch keinen Namen für ein Objekt geben, so kann dieses bei Bedarf jederzeit erfunden werden, denn die menschliche Sprache ist fast unbegrenzt produktiv und kreativ.

Sprache und Denken

Sie leistet aber noch mehr: Sie schärft, systematisiert und strukturiert unser Denken, sofern sie es nicht überhaupt erst ermöglicht und sie hilft uns die vielfältigen Erscheinungen der Welt, in der wir leben, zu gliedern und zu ordnen, indem wir uns von den einzelnen Dingen und Vorgängen „einen Begriff machen".

Begriff

---

135 Martin Kuckenburg, Die Entstehung von Sprache und Schrift, Köln 1989, S. 41

133

Voraussetzungen und wie es gewesen sein könnte

Wahrscheinliche Zusammenhänge

Der aufrechte Gang dürfte sich als Anpassung an eine offene Landschaft schon vor oder beim Australopithecus entwickelt haben. Dadurch wurden die Hände frei für andere Tätigkeiten und sie erlangten im Laufe der menschlichen Evolution eine Geschicklichkeit, die andere Primaten nicht besitzen. Der Schritt zur Geräteproduktion folgte freilich nicht sofort, sondern Hunderttausende oder Millionen von Jahren nach der Entwicklung des aufrechten Gangs.

Organische Entwicklung

...ein Übergang

Was die Gehirnentwicklung betrifft, so ging sie den eben beschriebenen Veränderungen nicht voraus, sondern folgte ihnen mit erheblichem zeitlichen Abstand nach. Am Anfang der Menschwerdung stand mit großer Wahrscheinlichkeit nicht der „Geist", sondern der Übergang zu einer neuen Lebens- und Ernährungsweise, die Funktionszunahme der Hände, das Freiwerden des Mundes und der aufrechte Gang. Erst durch deren Erfordernisse bildeten sich in einem Jahrmillionen dauernden schrittweisen Prozeß die neuen menschlichen „intellektuellen" Fähigkeiten und das dazu erforderliche Gehirn heraus.

Die menschliche Sprache ist ein akustisches System und erfordert neben der angemessenen Gehirnorganisation entsprechend ausgebildete Sprachorgane, einen Lautbildungsapparat, der differenzierte Artikulation ermöglicht. Auch hier handelt es sich um eine evolutionäre Entwicklung.

Seit wann kann es Sprache geben?

Nach neuen Forschungsergebnissen entsprach der Stimmtrakt des Australopitecus etwa dem der heutigen Menschenaffen und dürfte ein vergleichbar beschränktes Lautbildungsvermögen aufgewiesen haben. Der vor rund 300 000 Jahren lebende Steinheim-Mensch besaß dagegen nach Rekonstruktionen einen Stimmtrakt, der unserem bereits sehr ähnelte und alle wesentlichen Voraussetzungen für „artikulierte" Sprache in unserem Sinn erfüllt haben dürfte. Ähnliche Forschungen belegen, daß die Sprachentstehung, Hunderttausende von Jahren in die menschliche Stammesgeschichte zurückreicht.

Sprache und Gemeinschaft

Die mit dem Homo erectus verbundene technologisch-kulturelle Blüte ist kaum ohne das Vorhandensein einer Sprache als Mittel des Erfahrungsaustauschs, der Überlieferung und der Koordination vorstellbar. Besonders augenfällig wird dies, wenn man eine weitere fundamentale Kulturleistung dieses Frühmenschen einbezieht, nämlich die regelmäßige und organisierte Jagd auf Großwild.

Die Entstehung der Schrift

Zur Rekonstruktion der Entstehung der Schrift kann auf Dokumente zurückgegriffen werden.

Die Geschichte der Schrift beginnt zwischen Euphrat und Tigris[136] in Mesopotamien. Dieses Gebiet im mittleren Osten zwischen Persischem Golf und Bagdad bestand vom 6. bis 2. Jahrtausend v. Chr. aus zwei Reichen: dem Land *Sumer* im Süden und dem Land *Akkad* im Norden.

Uruk

Auf einigen der in der Stadt Uruk gefundenen Tontäfelchen sind Getreidesäcke und Viehköpfe aufgelistet – sie stellen eine Art Buchführung des Tempels dar und sind landwirtschaftliche Listen. Andere Täfelchen geben auch Auskunft über die soziale Verwaltung der Sumerer.[137]

Erste Schrift?

Anfänglich ritzen die sumerischen Beamten ihre Zeichen mit Griffeln aus Schilfrohr in die Tontäfelchen. Diese Griffel hatten scharfe Kanten und hinterließen charakteristische Abdrücke im feuchten Ton: Ekken, Keile oder Kreise. Die primitiven Zeichnungen entwickelten sich mit der Zeit zu aus Keilen zusammengesetzten Gebilden, daher der Name Keilschrift. Langsam entstanden sich auch von den Schreibern angelegte Register, in denen die Form der Zeichen festgelegt wurde.

Erste Schriftzeichen

Gegen 2900 v. Chr. begann nun eine einzigartige Entwicklung:

Die Piktogramme verloren durch ihre jahrhundertelange Umformung ihre ursprüngliche Funktion und ihren realen Bezug. Jedes Zeichen besaß je nach Zusammenhang, verschiedene Bedeutungen: Das Zeichen für Fuß konnte z.B. bedeuten: gehen, aufrecht stehen, transportieren usw. Nach und nach gab es sich nur noch eine Bedeutung für ein Zeichen. Zu jener Zeit waren ca. 600 Zeichen in Gebrauch. Sie standen zunächst für Dinge oder Lebewesen. Der entscheidende Fortschritt in der Entwicklung der Schrift war, die Zeichen mit der Zeit auf die Lautwerte der Worte der gesprochenen Sprache zu beziehen. Am Anfang jeder wirklichen Schrift steht also die Phonetisierung[138].

Bilderrätsel

Die Sumerer wie auch die alten Ägypter benutzten dafür ein Verfahren, das wie ein Spiel wirkt: Das Bilderrätsel. Die Idee ist, sich eines Piktogramms zu bedienen, das nicht das dargestellte Objekt bezeichnet, sondern für ein ähnlich klingendes Wort steht. Das funktioniert wie bei unseren Bilderrätseln: Das Bild von Sand und das Bild der Ahle stehen nicht jeweils für das Material oder das Werkzeug, sondern zusammen für das Kleidungsstück „Sanda(h)le". An diesem Punkt müssen die sumerischen Schreiber auch Determinative[139] eingeführt haben, die die verwendeten Zeichen klassifizierte – dadurch wird erst eindeutiges Lesen möglich.

Sanda(h)le

---

136 Vergleiche auch das Kapitel „Die Geschichte der Zahlen und des Zählens", S. 127

137 Vergleiche auch das Kapitel „Die Geschichte der Zahlen und des Zählens", S. 127

138 Umsetzung von Schrift in Sprache

139 Vergleiche auch die chinesische Schrift

Ägypten – Hieroglyphenschrift

Hieroglyphen

Die frühesten Hieroglyphenfunde stammen aus dem 3. Jahrtausend v. Chr., aber es scheint, als sei die Schrift schon früher entstanden. Im Laufe der Jahrtausende hat sich die Zahl aber beträchtlich erhöht.

Originalität und Vielfalt dieser Schrift rühren daher, daß sie aus drei Arten von Zeichen besteht: aus Piktogrammen (stilisierten Bildzeichen für Dinge), aus Phonogrammen (denselben Zeichen, die jedoch Laute ausdrücken[140]) und schließlich aus Determinativen (Zeichen, die verdeutlichen, um welche Art Ding oder Lebewesen es sich handelt).

Schrift diente in Ägypten nicht nur dem Schreiben von Geschichte sondern auch dem Rechnungswesen, erlaubt waren Gesetze festzuschreiben und Verkaufs- und Eheverträge anzufertigen. Und sie ist Träger der Literatur. Von den Schreibern wurden aber auch schon geographische und naturwissenschaftliche Texte niedergeschrieben sowie alle Schriften der Weissagekunst, Magie, Pharmazie, Küche, Astronomie und Zeitrechnung. Letztere erreicht dank der Schrift eine erstaunliche Genauigkeit: Im 3. Jahrtausend v. Chr. führte man anstatt des Mondkalenders den Sonnenkalender mit 365¼ Tagen pro Jahr ein.

Vom Bild zum Zeichen

Das Schreiben auf Papyrus erfordert viel Geduld und Genauigkeit. Um die alltäglichen Erfordernisse an den Schriftverkehr bewältigen zu können, erfanden die Schreiber fast gleichzeitig mit der Hieroglyphenschrift eine Kursivschrift (lat. currere – laufen). Man nennt sie auch hieratisch (=priesterlich), weil sie offenbar ursprünglich von den Priestern benutzt wurde. Diese Schrift besteht aus denselben Elementen wie die Hieroglyphenschrift (Ideogramme, Phonogramme, Determinative), aber diese sind oft miteinander verschlungen, weichen langsam vom ursprünglichen Bild ab und werden immer abstrakter.

Um 650 v. Chr. entwickelte sich in Ägypten eine demotische Schrift oder Volksschrift als Gebrauchsschrift. Auf dem berühmten Stein von Rosette, anhand dessen Champollion das Geheimnis der Hieroglyphen entzifferte[141], steht derselbe Text in Hieroglyphen, in Demotisch und in Griechisch.

Die Entstehung des Alphabets

Um 1000 v.Chr. vollzog sich eine entscheidende Entwicklung: die Entstehung des Alphabets. Das geschah nicht auf einmal sondern im Laufe der Geschichte. Den Anfang machen die Phönizier, die an die Küsten des Mittelmeeres Handel trieben.

Griechische Schrift

Die Einwohner Griechenlands besaßen im 2. Jahrtausend v. Chr. ein Schriftsystem, das gegen 1100 v. Chr. verschwindet, als ihre Kultur durch die dorischen Einfälle zerstört wurde. Drei oder vier Jahrhunderte später setzten sich die phönizischen Schriftzeichen immer mehr durch. Bis heute kennen wir den Ursprung der phönizischen Schriftzeichen, die man in Griechenland auf Tonscherben gefunden hat, nicht.[142]

---

140 Die Ägypter benutzen ein ganz ähnliches Bilderrätselsystem wie die Sumerer
141 Spannend geschildert in dem Buch von C.W. Ceram „Götter, Gräber und Gelehrte"
142 Jean Georges, Die Geschichte der Schrift, Ravensburg 1991

Nach einer wahrscheinlichen Hypothese entwickelte sich die Schrift der Phönizier aus der demotischen Schrift des alten Ägypten. Sicher ist jedenfalls, daß das phönizische Alphabet nur Konsonanten enthält.[143]

Alle mehr oder weniger von der phönizischen Schrift abgeleiteten Schriftsysteme enthalten nur Konsonanten. Diese Schreibweise paßte aber nicht zu einer Sprache wie dem Griechischen, das über eine Menge Vokale verfügte.

Die Griechen hatten, um diese Schwierigkeit zu überwinden, eine einfache aber geniale Idee: Sie entliehen aus dem aramäischen Alphabet mehrere Zeichen für Konsonanten, die es im Griechischen nicht gab. So entstanden A (Alpha), E (Epsilon), O (Omikron) und Y (Ypsilon). J (Jota) ist hingegen eine eigenständige Erfindung. Man weiß ziemlich sicher, daß das griechische Alphabet um das 5. Jahrhundert v. Chr. voll entwickelt war und aus 24 Buchstaben bestand, davon 17 Konsonanten und 7 Vokale.

Das griechische Alphabet

Da die Griechen große Seefahrer waren, haben sie wahrscheinlich ihre Schrift auch den Etruskern vermittelt, die im Gebiet der heutigen Toskana lebten.

Die Latiner, die zukünftigen Römer, paßten das etruskische Alphabet ihrer Sprache an. Manche Forscher meinen, das lateinische Alphabet sei direkt aus dem griechischen Alphabet entstanden, ohne den Umweg über die etruskische Schrift. Jedenfalls existierte etwa im 3. Jahrhundert v. Chr. ein lateinisches Alphabet von 19 Buchstaben. X und Y wurden vermutlich im ersten Jahrhundert v. Chr. unter Cicero hinzugefügt.

Schon im 4. Jh. vor unserer Zeitrechnung befaßte man sich in Indien erstmals mit Grammatik.

Grammatik

Im Indien des 4. Jh. v.Chr. wurden die genaue Funktion der Vokale und Konsonanten der Göttersprache Sanskrit beschrieben. Das funktionierte nur, weil die indischen Schriften restlos alphabetisiert waren und eine sehr strukturierte Phonetik besaßen.

Sprache ist nicht gleich Schrift

Am Anfang unserer Zeitrechnung gab es zwar über die ganze damalige Welt verstreut Schriftsysteme, aber noch heute ist in zahlreichen Gegenden auf dem Globus die Schrift unbekannt. Obgleich die Linguisten annähernd 3000 voneinander verschiedene Sprachen auf der Erde gezählt haben, sind sie sich einig, daß kaum mehr als 100 davon geschrieben werden. Man muß sich auch klarmachen, daß etwa 50% der Menschen, die älter als 20 Jahre sind, nicht mehr oder nur schlecht schreiben können.[144]

Wieviele Sprachen?

Da wir aber schreiben können, können wir nun „unsere" Geschichte der „Geschichte der Schrift" schreiben.

---

143 Das Alphabet verfügt nun über etwa 30 Zeichen, mit deren Hilfe man praktisch alles schreiben kann. In Wirklichkeit ist es nicht ganz so einfach, denn die 26 Buchstaben unseres Alphabets drücken nicht alle Laute aus und so ergeben sich beim Schreibenlernen schwerwiegende Orthographieprobleme.

144 Jean Georges, Die Geschichte der Schrift, Ravensburg 1991, S. 91

Ausblicke

Soziale Erziehung in der Montessori-Pädagogik[145]

> Hundert Kinder, hundert menschliche Individuen – nicht erst morgen, sondern jetzt, hier und heute
>
> Janusz Korczak

Die soziale Seite der Arbeit

Für viele ist es schwer vorstellbar, wie bei einem so hohen Ausmaß an individueller Arbeit in Montessori-Klassen soziale Erziehung gefördert wird.

Gewöhnlich begreifen die Lehrer die soziale Seite unserer Arbeit nicht. Sie meinen, daß die Montessori-Schulen die Fächer des Stundenplans fördern, nicht aber das soziale Leben. Man sagt: Wenn die Kinder individuell arbeiten, wo bleibt dann das soziale Leben?[146]

Prinzipien

Es ist nicht möglich, diese Frage losgelöst von den Prinzipien der Montessori-Pädagogik zu beantworten. Wie bei jeder Frage, die an uns gestellt wird, müssen wir uns auf die Gesamtheit von Montessoris Grundgedanken stützen, da wir ansonsten nur falsche Eindrücke und Verzerrungen dieser Pädagogik vermitteln würden.

Wenn sie sich (die Kinder) konzentriert haben, werden sie anders. Sie haben keine besonderen Unarten mehr, lösen sich und arbeiten selbständig. Unordentliche Kinder fangen an, Ordnung zu lieben. Alle werden so ordentlich, daß Unordnung etwas Außergewöhnliches wird. Sie sind genau.[147]

Wesentlich ist, daß der Erwachsene das Kind im Augenblick der Konzentration nicht stört. „Zu anderen Zeiten muß die Erzieherin ihren gesunden Menschenverstand gebrauchen und eingreifen. Aber sie darf nicht stören, wenn sie damit die Konzentration durchbricht ..."[148]

Arbeitslärm

Wenn also die angeführten Prinzipien eingehalten werden – es genügt nicht, z.B. „nur" Montessori-Material in die Klasse zu stellen und dieses als „Anschauungsmaterial" zu verwenden – kann dieses Phänomen der Konzentration, Montessori nennt es in seiner intensivsten Erscheinungsform die *Polarisation* der Aufmerksamkeit, eintreten.

Freie Wahl und Konzentration

Jedesmal ist es wieder eine Überraschung zu sehen, wozu Kinder im Anschluß an solch konzentrierte Arbeit fähig sind. „Viele andere Aktivitäten ergeben sich als Folge des Phänomens der Konzentration. Eine davon ist die leichte An-

---

145 Mitarbeit: Brigitte Eichelberger
146 Maria Montessori, Grundgedanken der Montessoripädagogik, Freiburg 1967, S. 98
147 Maria Montessori, Die Macht der Schwachen, Freiburg 1989, S. 104
148 Maria Montessori, Die Macht der Schwachen Freiburg 1989, S. 112

passung an die Umgebung"[149]. Die Möglichkeit der freien Wahl und das Phänomen der Konzentration sind die Voraussetzungen für gutes Sozialverhalten. Jeder unserer Besucher ist beeindruckt von dem geringen Arbeitslärm, der Ordnung und dem Umgang der Kinder miteinander. Unsere Kinder versuchen, die Bedürfnisse anderer zu beachten, sind höflich, entschuldigen sich, helfen einander usw. Dies erfolgt alles ohne Zutun und Einmischung eines Erwachsenen. Manchmal hören wir Sätze, wie: „Schau, Du hast mir das zerstört"... „Es war nicht Absicht, ich helfe Dir beim Aufbauen"... „Kannst Du das schon?"... „Soll ich Dir's zeigen?"... „Weißt Du, wo der Besen ist?" ... „Bitte stör mich nicht!" ...

Die Kinder entwickeln zunehmend ein Gefühl für die Gruppe, in der jeder eine Verantwortung zu tragen hat. Sie sind oft viel genauer als Erwachsene, wenn es um Ordnung in der Klasse geht. Sie weisen uns oder andere Kinder zurecht, wenn ein Material auf einem falschen Platz steht oder ein Teppich schlampig aufgerollt wurde. Einige Kinder sind stolz darauf, wenn sie die kleinsten Perlen im letzten Versteck finden.

Ordnung

Je länger die Kinder in unserem Klassenverband sind, desto leichter fällt es ihnen, sich an Regeln zu halten und Anweisungen zu befolgen. Wir haben daher eine für alle (Kinder und Erwachsene) verbindliche Regel aufgestellt: „Wir stören einander bei der Arbeit nicht!" Diese Regel ist neben einigen anderen auch in der Klasse angeschlagen.

Regeln

Wenn jemand eine Regel übertritt, wird er von Kindern oder Lehrern darauf hingewiesen. Dies hat den Vorteil, daß wir nicht jedem Kind eine „lange Predigt" halten, ihm sein Fehlverhalten erklären, bei jedem andere „Grenzen" festlegen oder ähnliches. Je „geordneter" die Kinder sind, desto leichter fällt es ihnen, Regeln zu akzeptieren.

Das Kind ordnet sein eigenes Leben ... Freiheit und Disziplin erscheinen zugleich. Das war eine Entdeckung, denn gewöhnlich meint man, sie seien einander entgegengesetzt. Statt dessen haben wir erfahren, daß es keine Freiheit gibt ohne Disziplin. Freiheit und Disziplin sind eine harmonische Verbindung.[150]

Wie die Erfahrungen zeigen, ist es Kindern in einem Klima von Freiheit, Vertrauen und gegenseitiger Achtung möglich, zu selbstbewußten und sozial verantwortungsbewußten Menschen zu werden. Wenn es Kindern und Erwachsenen in der Schule möglich ist, ihr Leben und Lernen zu einem wesentlichen Teil selbst zu bestimmen, können sie einander mit Respekt begegnen und die füreinander notwendige Toleranz aufbringen. Nur dann ist es möglich, daß Kinder unterschiedlicher Altersstufen, Nationalitäten und Muttersprachen oder behinderte und nichtbehinderte Kinder in einer Klasse zusammen lernen.

Selbstbewußtsein und soziale Verantwortung

---

149 Maria Montessori, Die Macht der Schwachen, Freiburg 1989, S. 112
150 Maria Montessori, Die Macht der Schwachen, Freiburg 1989, S. 114

Heterogene Altersgruppen

Kinder verschiedenen Alters in einer Lerngruppe

Je „heterogener" eine Gruppe zusammengesetzt ist, desto schwerer wird es für die Erwachsenen, die Kinder so zu behandeln, als wären sie „aus einem Holz geschnitzt". Sie sind gezwungen, sich auf die Eigenarten, unterschiedliche Interessen, Lerntempi, unterschiedliches Können usw. einzustellen. Bei den Kindern fällt der oft übertriebene und von Lehrerinnen unterstützte Leistungsvergleich weitgehend weg, da für Kinder einsichtig ist, daß jüngere Kinder manchmal des Schreibens eben noch nicht kundig sind oder etwas nicht wissen, ohne deshalb als dumm gelten zu müssen. Kinder erkennen, wann ihre Hilfe gebraucht wird. Sie spornen einander zu höheren Leistungen an. Jüngere Kinder entwickeln oft einen enormen Ehrgeiz, das zu können, was ein älteres Kind schon kann bzw. wollen es sogar überflügeln. Für die älteren Kinder ergibt sich oft die Möglichkeit, Erlerntes zu wiederholen und zu festigen. Beim Erklären entdecken die älteren Kinder oft ihre Lücken und bemerken, daß sie vieles noch üben müssen. Ältere Kinder sind oft erstaunt, wenn ein Kind der sogenannten 1. Klasse schon weiter zählen kann als es selbst oder schon das ABC oder Malreihen beherrscht, die es selbst noch nicht kann. Anschließend sind sie meist sehr bemüht, „Versäumtes" aufzuholen.

Gegenseitige Hilfe

Wenn es einem Kind gelingt, einem anderen „auf die Sprünge" zu helfen, ist es sehr stolz darauf, was wiederum sein Selbstbewußtsein stärkt. Erst wenn ein Kind erklären kann, „weiß" es auch. Dies ist nach Maria Montessori wirklicher Unterricht, denn die Erklärungen eines ca. 8-jährigen Kindes stehen dem Begreifen eines 6-jährigen Kindes näher als Erklärungen eines Erwachsenen. Manche Eltern äußern Bedenken, ob die älteren Kinder in so einem Klassenverband auch genug lernen werden. Maria Montessori meint dazu:

Der Weg zur Klarheit

> Erstens unterrichtet es nicht dauernd, es hat auch seine Freiheit und weiß sie zu gebrauchen. Aber daneben legt es, selbst unterrichtend, seine eigenen Kenntnisse sauber fest, denn es festigt jedesmal gehörig seine Kenntnisse, weil es diese aufs neue analysieren und mit ihnen umgehen muß, es sieht also alles mit größerer Klarheit. Durch diesen Austausch gewinnt auch das größere Kind.[151]

Vorteile der Altersheterogenität

Wir haben beobachtet, daß Kinder einander gerne helfen, aber mit der Hilfe sparsamer umgehen als Erwachsene. Sie haben viel mehr Gespür dafür, wo Hilfe wirklich gebraucht wird, und wo sie überflüssig ist. Passiert einem jüngeren, noch ungeübten Kind ein Mißgeschick z.B. bei den Schüttübungen, habe ich noch nie erlebt, daß ein Kind ein anderes verspottet hätte.

Kinder verschiedener Muttersprachen in einer Montessori-Klasse

Multikulturell

Aktuelle Erfahrungen haben gezeigt, daß nicht nur die altersheterogene Zusammensetzung der Lerngruppe in der Montessorischule eine Bereicherung darstellt, sondern auch das Zusammensein von Kindern verschiedener Nationalitäten,

---

151 Maria Montessori, Grundgedanken, Freiburg 1967, S. 100

Muttersprachen, Religionen und unterschiedlichster sozialer Herkunft[152]. Kinder, die sich in ihrer Eigenart angenommen und respektiert fühlen, sind dann auch bereit, ihrerseits Andersartigkeit zu akzeptieren.

Ohne Sprache und doch begreifen

Große Vorteile bringt hier die Freiheit zu wählen, ob die Kinder lieber alleine oder in Gruppen mit Kindern der gleichen oder anderer Muttersprachen arbeiten wollen. Beobachtungen haben immer wieder gezeigt, daß sich nicht nur Gruppen mit Kindern gleicher Muttersprachen bilden. „Mitarbeiter" werden auch nach Sympathie und Art der Tätigkeit ausgewählt. Das Angebot an Montessori- und anderen konkreten Materialien macht Lernen, insbesondere das Erfassen von Strukturen, möglich, ohne primär auf die Unterrichtssprache angewiesen zu sein. Ein Kind kann sich mit einem Material zurückzuziehen, sich darauf zu konzentrieren und im handelnden Lernen Erfahrungen sammeln, ohne Sprache gebrauchen zu müssen. Das Kind kann z.B. Körper begreifen, ordnen, Eigenschaften feststellen usw.; es kann Flächen vergleichen, ordnen, Figuren aufbauen, erste Erfahrungen mit Symmetrie, Kongruenz usw. machen, ohne gleich Begriffe in der Unterrichtssprache kennen zu müssen.

Intensive Kommunikation

Es ist für die Kinder eine Selbstverständlichkeit, Perlen einer Kette in der jeweiligen Muttersprache zu zählen. Kinder erklären einander Rechnungen oder umschreiben Begriffe in ihrer Muttersprache. Einige Kinder deutscher Muttersprache zeigen reges Interesse, Wörter aus anderen Sprachen zu verstehen. Interessierte Kinder können in verschiedenen Sprachen das Zählen erlernen. Es gibt in der Klasse Vorlagen für verschiedene Schriften, zum Teil von ausländischen Eltern hergestellt, die von den Kindern kopiert werden können. Es gäbe noch eine Vielzahl von Beispielen anzuführen, wie in einer interkulturellen Gruppe das Lernen voneinander möglich ist.

Behinderte und nichtbehinderte Kinder gemeinsam

Wichtig bei der Zusammensetzung ist sicher eine gesunde Mischung. Je mehr verschiedene Modelle zur Nachahmung vorhanden sind, desto besser ist es für die Kinder der Gruppe. Dies gilt im besonderen für behinderte Kinder, die eine Vielzahl von Modellen brauchen.

Wie allgemein bekannt ist, gibt es weltweit viele Montessori-Einrichtungen, die von Behinderten und Nichtbehinderten gemeinsam besucht werden, und die Erfahrungen sind sehr positiv.

Montessori-Pädagogik und Integration

Der hohe menschliche Stellenwert der Idee der Integration

Die Diskussion über die prinzipiellen Fragen des gemeinsamen Lernens und Lebens von Behinderten und Nichtbehinderten in der Schule hat sich verändert, seit dieses gemeinsame Lernen und Leben nicht nur in unserem Köpfen sondern auch in einigen Klassen stattfindet. Im Vordergrund der Diskussion stehen nicht mehr die Fragen nach dem Sinn und Zweck integrativer schulischer Maßnahmen und nach der Möglichkeit der optimalen Förderung aller Schüler einer integrativ geführten Klasse. Das gemeinsame Lernen und Leben in den zur Zeit bestehenden Integrationsklassen hat uns den hohen menschlichen Stellenwert des Voneinander-Lernens und Miteinander-Lebens tiefgehend vor Augen geführt und viele von uns auch innerlich verändert. Langsam – und wahrscheinlich geht es vielen Lehrerinnen, Eltern und Kindern ähnlich – beginne ich, nicht nur in meinem Kopf

---

152 Aktuelle Situation in der Lerngruppe B der VS-Kindermanngasse am Beginn der Arbeit in der Montessori-Lerngruppe

sondern mit meinen Sinnen, Gefühlen und auch in der täglichen Arbeit mit den Kindern zu begreifen, welch radikaler Veränderung unser pädagogisches Denken, Fühlen und Zusammenleben bedarf. In der gemeinsamen Freiarbeit in den Montessori-Klassen sind die Kinder genauso meine Lehrer geworden wie ich ihr Lehrer sein darf ...

Voneinander Lernen

Seit wir den Kindern die Freiheit gegeben haben, ihr Lernen in der Schule selbst zu bestimmen und die Verantwortung für ihr Tun zu übernehmen, haben sie uns gelehrt, ihnen mit dem notwendigen Vertrauen und dem notwendigen Respekt zu begegnen und ihr Tun, ihr Denken und ihr Fühlen immer ernst zu nehmen.

Die Kinder lehren uns

Zielsetzung

Nehmen wir die ursprüngliche Zielsetzung des gemeinsamen Lernens ernst, so müssen wir allen an diesem Prozeß Beteiligten in einem möglichst umfassenden Sinn das Recht der Selbstbestimmung innerhalb der Grenzen einer schulischen Gemeinschaft einräumen. Von einem tiefen Vertrauen in unsere Kinder und von der Überzeugung ausgehend, daß Kindheit sehr wohl einen *Eigensinn* hat, ist nicht mehr die Perspektive, daß Schule für das spätere Leben vorbereiten soll, für die pädagogische Arbeit entscheidend. Vielmehr lehren uns die Kinder, daß die gemeinsame Arbeit an den ihrem inneren Entwicklungsplan entsprechenden Interessen und Bedürfnissen für eine intensive Förderung der intellektuellen, emotionellen und sozialen Fähigkeiten am wichtigsten ist. Nach unseren Erfahrungen ist dies viel wichtiger als das, was „verschulte" Pädagogen glauben, daß Kinder für ihr späteres Leben gerade jetzt lernen sollten.

Die Beibehaltung des Entwicklungs-konzepts

Wenn wir uns vertrauensvoll beobachtend Kindern zuwenden, so werden uns diese Kinder zeigen und sagen, was sie für ihre Entwicklung brauchen, und es ist das Recht aller Kinder, die für ihre Entwicklung notwendigen Anregungen, Hilfen und die damit verbundene Zuwendung zu bekommen. Insofern ist es nicht mehr die erste Aufgabe der Lehrerinnen, den Kindern zu sagen, was sie lernen sollten, es gilt vielmehr, die sensiblen Phasen der Kinder zu beachten und zu verstehen und ihnen zu geben, was diese für die Ausbildung ihrer Fähigkeiten in der aktuellen Entwicklungsphase dringend benötigen. Diese Arbeit erfordert von den Lehrerinnen höchste didaktische und methodische Kompetenz, die sie nach den Bedürfnissen der Kinder einzusetzen haben, aber nicht so, daß sie die Kinder in ihrem Lernen bevormunden und die Lernprozesse der Selbstbestimmung und Selbstverantwortung unterbinden. Dann wird das Leben in der Schule ein gegenseitig bereicherndes Geben und Nehmen, wie ich es auch erleben durfte:

Ein emotionales Erlebnis

Einige Kinder kannten mich[153] schon aus ihrer Vorschulzeit, andere näherten sich nur langsam und faßten nur zögernd Vertrauen. Auch Marion[154], ein spastisch gelähmtes Mädchen, hat mich zwei Monate fast nicht beachtet. Marion kann nicht alleine gehen. Wenn ihr niemand hilft, geht sie auf Händen und Knien. Ihre Sprache ist undeutlich artikuliert, ihre Bewegungen sind in der Koordination stark beeinträchtigt.

---

153 Diese Schilderung entstammt meiner umfassenden Betreuungstätigkeit mehrerer Klassen in Wien

154 Name geändert

Faszinierend sind für mich das Leuchten ihrer Augen, ihr meist strahlendes Gesicht, ihre Lebhaftigkeit und ihr immer freundliches Gemüt. Nach drei Monaten in der Klasse biete ich Marion eine gemeinsame Arbeit mit dem Spindelkasten an.

Marion willigt ein, und richte die beiden Spindelkästen auf dem Boden für die Arbeit mit Marion her.

Wir sitzen auf dem Boden, vor uns auf dem Teppich stehen die beiden Spindelkästen und ein Kistchen mit 45 Spindeln.

Langsam nehme ich die erste Spindel aus dem Kistchen, zeige sie Marion ..."eins"... und lege die Spindel in das Fach mit der „1". Interessiert wechselt ihr Blick zwischen meinen Händen und den beiden Spindelkästen hin und her. ... „eins" wiederholt sie undeutlich. Ich nehme eine weitere Spindel, eine zweite ... „eins", „zwei" und komme nicht mehr dazu, diese in das betreffende Fach zu legen. Marion nimmt mir die Spindeln aus der Hand. Es fällt ihr schwer, die Spindeln in das längliche Fach des Spindelkastens zu legen, und es kostet sie sichtlich Mühe. Wir zählen gemeinsam: „zwei". Nun muß ich die Spindeln in ihre Hand legen, und je mehr Spindeln wir gemeinsam nehmen, einordnen und zählen, desto schwieriger wird es für Marion, die Spindeln geordnet in das entsprechende Fach zu legen. Es bereitet ihr große Mühe, ihre Bewegungen zu koordinieren und die entsprechenden Zahlen artikuliert zu sprechen. Für Marion ist diese Arbeit eine Herausforderung, und als die beiden Spindelkästen eingeräumt sind, läßt sie es sich nicht nehmen, die Arbeit in der umgekehrten Reihenfolge fortzusetzen. Ich bin während dieser Arbeit innerlich stark berührt und spüre auch bei Marion, daß sie diese Arbeit innerlich ergriffen hat. Wir beenden unsere gemeinsame Arbeit beide sichtlich bewegt. Marion möchte Pause machen.

Je länger ich mit Kindern in einer Montessori-Klasse arbeite, desto mehr spüre ich, wie gerne Kinder die gemeinsame Arbeit in einer vorbereiteten und entspannten Umgebung annehmen, und freue mich, wenn Kinder ihren Lern- und Entwicklungsprozeß selbst gestalten und damit auch mir helfen, meine aus der eigenen Vergangenheit bestehenden Zweifel und die doch vorhandene Unsicherheit zu überwinden. Ich erlebe in allen Montessori-Klassen Kinder, deren Sozialverhalten überdurchschnittlich ausgeprägt ist, die ihrem intensiven Drang zum Lernen lustvoll nachkommen und kaum mehr die Aufforderung der Lehrerin brauchen. Dabei erlebe ich auch Nähe zu diesen Kindern, die mir im herkömmlichen Unterricht unbekannt war und spüre, wie gut uns allen diese Nähe tut.

Spindelkasten

Nähe

Wegweiser

Über die Entstehung der Standardwerke

> Die Bücher und Artikel Montessoris sind in
> einem für heutige Autoren ganz unge-
> wöhnlichen Maße heterogen – und dies im
> wörtlichen Sinne: ihre Entstehungsweise ist
> außerordentlich verschieden und dazu auch
> oft nur schwer im Detail zu vermitteln.
>
> Günter Schulz-Benesch

Die zugänglichen Schriften und Bücher Maria Montessoris sind mit ziemlicher
Sicherheit nur der kleinere Teil dessen, was an schriftlich festgehaltenen Aussagen der Pädagogin öffentlich vorliegt. Ein beträchtlicher Teil an Aufzeichnungen
und Schriften befindet sich noch in privaten Archiven.

„Il metodo..." und „Autoeducazione..."

Fast die gesamte Diskussion in der Nachkriegszeit (ab 1945) stützte sich auf
die frühe deutsche Übersetzung des Werkes „Il metodo della pedagogia scientifica applicato all'educazione infantile nelle case dei bambini" (Selbsttätige Erziehung im frühen Kindesalter) von 1913 und die 1926 erschienene Übersetzung des
Werkes „Autoeducazione nelle scuole elementari" („Montessori-Pädagogik für
Schulkinder").[155]

Zur Edition des „Metodo ..."

Wie wir aus dem zitierten Buch Anna M. Maccheronis erfahren, war das erste
große pädagogische Buch Maria Montessoris, das dann allenthalben in der Welt
das bekannteste und in vielen Sprachen das einzig übersetzte geblieben ist, von
ihr ursprünglich nicht geplant, sondern auf direkte persönliche Ansprache hin
verfaßt worden:

Nur drei Wochen...

> Nach 20 Tagen war das Manuskript fertig ... tags darauf nahm der Ba-
> ron (Franchetti) den Zug nach Città di Castello und übergab dort, wo er
> gut bekannt war, das Manuskript einer Druckerei, nicht einem Verleger,

---

155 Montessori, Maria: Il metodo della pedagogia scientifica applicato all'educazione infantile
nelle case dei bambini, Città di Castello 1909; dt. Übers.: Selbsttätige Erziehung im frühen Kin-
desalter, Stuttgart 1913, Neuausgabe: Die Entdeckung des Kindes (Hrsg. P. Oswald und G.
Schulz-Benesch), Feiburg 1969; und Autoeducazione nelle scuole elementari, Roma 1916; dt.
Übers.: Montessori-Erziehung für Schulkinder, Stuttgart 1926, Neuausgabe: Schule des Kindes
(Hrsg. P. Oswald und G. Schulz-Benesch) Freiburg 1976

mit dem Befehl, Satz für Satz zu drucken, ohne auch nur ein Komma zu ändern. So erschien das erste Buch der Methode.[156]

Es ist klar, daß das Buch, wenn es auch einige Partien aus schon früher verfaßten Texten enthielt, doch für eine systematische Darstellung viel zu schnell geschrieben worden war.

Diese Tatsache gibt uns auch einen Hinweis über die „Wissenschaftlichkeit" der Werke Maria Montessoris:

Die geisteswissenschaftliche Pädagogik hat Maria Montessori nie eigentlich studiert. Wir sind aber geneigt, nach deren Terminologie zu denken und zu urteilen: mitunter eine Schwierigkeit in der Interpretation ihrer Aussagen.

In der Ausgabe von 1918 erklärt Maria Montessori, keine Abhandlung über *Ein pädagogischer Versuch* wissenschaftliche Pädagogik sondern Ergebnisse eines pädagogischen Versuches vorzulegen. Dieser könnte den Weg zur praktischen Durchführung neuer Methoden aufzeigen.[157] So lesen wir auch im Vorwort dieses Buches:

> Nicht primär pädagogische Theorie führte Montessori zu ihrem originellen Beitrag, sondern die Gabe ursprünglicher intuitiver Erfassung pädagogischer Kernphänomene.[158]

Das Buch gibt vor allem Aufschluß über die Entstehung ihrer Methode, über die Entwicklung des Materials mit den Kindern und für die Kinder, über die Technik der Lektionen, über die Arbeit der ErzieherInnen und LehrerInnen mit den Kindern und über das Umdenken in der Erziehung.

Zur Edition der „Autoeducazione ..."

Trotz der Eile der Anfertigung war die alte „Metodo" als Buch mit Originalmanu- *Systematik* skripten authentischer als manche der späteren Bücher Montessoris, und dieses Maß an Authentizität gilt ebenfalls für die „Autoeducazione". Zwar findet man auch hier Andeutungen der Verwendung früherer Unterlagen – beim Vergleich z. B. mit Vortragstexten der frühen Kurse – doch ist gerade die „Autoeducazione" ein relativ systematisches Buch Montessoris. Dies gilt in zweierlei Hinsicht: in bezug auf die Theorie und in bezug auf die Praxis. In bezug auf die Theorie ergibt sich nicht nur eine gewisse Aufarbeitung eines Theorie-Defizits sondern eine andere Art des Ansatzes, der von nun an in Montessoris Werk zunehmend an Bedeutung gewinnt: Der eigentliche Zentralpunkt des Buches und der darin entfalteten pädagogischen Theorie ist nämlich nicht ein Axiom oder irgendeine andere Vorgabe, sondern der Bericht ihrer Erfahrung und deren theoretische Darstellung.[159]

Nach der Quintessenz ihrer Theorie gefragt, antwortete Montessori: *Beobach-* *Quintessenz* *tend warten!*[160]

156 Anne Maria Maccheroni, Come conobbi Maria Montessori, Roma 1956, S. 49f.

157 Maria Montessori, Die Entdeckung des Kindes. a.a.O. S. 3 und Selbsttätige Erziehung im frühen Kindesalter, a.a.O., S. 1

158 Maria Montessori, Die Entdeckung des Kindes, a.a.O., S. VIII

159 Günter Schulz-Benesch, Über Reden und Schriften Montessoris, in: Paul Scheid und Herbert Weidlich, Beiträge zur Montessori-Pädagogik 1977, Donauwörth 1977, S. 145

160 Rita Kramer, Maria Montessori, New York 1976

„Tatsachen", „Phänomene", „Erfahrung", „Werk des Kindes" (nicht ihrer selbst!): Das sind Kennzeichnungen, die Maria Montessori ab der Zeit in San Lorenzo immer wieder benutzt.

In der „Autoeducazione" geht Maria Montessori vor allem von der Entdeckung der Konzentration bei jenem kleinen Mädchen aus[161] – der Polarisation der Aufmerksamkeit.

Noch einmal: Polarisation der Aufmerksamkeit

In dem Bild dieser unscheinbaren Begebenheit erfaßt Montessori eine Erfahrung, die zu einer wesentlichen Grundlage ihrer ganzen weiteren pädagogischen Arbeit wurde: Es ist die Erfahrung des Wesens des Kindes in seiner prinzipiellen und besonderen Menschlichkeit.

Was in dem Buch weiter folgt, ist in gewisser Weise die Entfaltung dieser Grunderfahrungen in alle Bereiche und Dimensionen: Intellekt, Wille, Gefühl und die Bereiche der Kultur; Sprache, Mathematik, Naturwissenschaft, Kunst usw.

Der zweite Band der „Autoeducazione..."

Der zweite Band dieses Werkes, in dem die Beschreibung der Praxis vorgelegt wurde, fehlt in deutscher Übersetzung bis heute. Das kleine Handbuch ist dafür kein geeigneter Ersatz und längst vergriffen.[162]

Bei beiden bisher besprochenen Büchern gleitet die systematische Darstellung bisweilen ins Rhetorische und Theoretische ab. Dies gilt besonders auch für die bekannten Schriften „Kinder sind anders", „Friede und Erziehung" und für gewissen Passagen von „The Absorbent Mind"[163]

Die Gründe für diese „eigentümliche Systematik" sind rasch aufgezählt:
- Es handelt sich bei diesen Schriften ausschließlich um Redetexte bzw. Kursvorträge. (Der Text von „Kinder sind anders" entspricht im wesentlichen Radiovorträgen in Barcelona 1935.)
- Sehr oft lagen diesen Reden keine Manuskripte zugrunde.
- Die Themen der Vortragsserien waren oft in der thematischen Abfolge nicht vorausgeplant.
- Die Redetexte wurden gelegentlich von einer zweiten Person nach der mündlichen Übersetzung schriftlich festgehalten.[164]

Zur Entstehung des Buches „The Absorbent Mind"[165]

Das Alterswerk

Die jetzt vorliegende deutsche Ausgabe „Das kreative Kind – Der absorbierende Geist" stützt sich auf die als authentisch geltende italienische Version. Zweifel an der Authentizität des Buches kamen durch dessen ungewöhnliche Entstehungsgeschichte auf: Es enthält großteils theoretische Vorträge, die Maria Montessori auf dem 6. Indischen Montessori-Kurs zu Ahmedabad (1944/45) gehalten hat. Eine unbekannte Person, deren Name anscheinend nicht mehr zu ermitteln ist, schrieb diese Vorträge mit. Als Übersetzer fungierte Maria Montessoris Sohn Mario Montessori. Maria Montessori nahm noch eine Überarbeitung des Werkes vor.

---

161 Maria Montessori, Schule des Kindes, a.a.O., S. 69 ff.

162 Maria Montessori, Mein Handbuch, Stuttgart 1922

163 Maria Montessori, Das kreative Kind – Der absorbierende Geist, Freiburg 1975

164 Vgl. auch Rita Kramer, Maria Montessori, S. 264

165 Maria Montessori, Das kreative Kind, Der absorbierende Geist, hrsg. Günter. Schulz-Benesch und Paul Oswald, Freiburg 1972

Nach Maria Montessoris eigenen Worten muß dieses Buch anscheinend mit besonderem Vorverständnis gelesen werden. Auf dieses Verständnis wies Maria Montessori gerne am Ende ihrer Vorträge hin:

Glauben Sie nicht, Sie hätten es schon verstanden – jetzt müssen Sie erst das bisher Verstandene tun![166]

Noch einmal Rita Kramer über die Entstehung der Werke: Nach den Berichten derer, die sie in einem Vortrag erlebten, scheint sie einer der großen Lehrer einer Rednertradition gewesen zu sein, die bis Sokrates zurückgeht. Aber unglücklicherweise hatte sie keinen Platon!"[167]

Trotz der Entstehungsgeschichte des Werkes „The Absorbent Mind" gilt dies als das „Alterswerk" Maria Montessoris. Dieses Buch will „wohl verstanden werden", ist in seiner Begrifflichkeit nicht immer einfach, geprägt von der Altersweisheit der – nach dem Urteil ihres Sohnes – am meisten mißverstandenen Erzieherin aller Zeiten.[168]

Maria Montessori - auch eine blendende Rednerin

---

166 Überliefert aus den Vorträgen vom internationalen Montessori-Kursus in Barcelona, 1933, vgl. Paul Scheid und Herbert Weidlich, Beiträge zur Montessori-Pädagogik 1977, Donauwörth 1977, S. 152f.

167 Rita Kramer, Maria Montessori, Frankfurt 1995, S. 375

168 nach Mario Montessori, vgl. Vorwort zu Maria Montessori, The Advanced Montessori Method.

Nachwort

Dieses Buch hätte nie geschrieben werden können ohne die Erfahrungen, die ich bei der Arbeit mit den Kindern in den verschiedenen Montessori-Klassen gemacht habe und ohne die Erfahrungen der Arbeit mit Eltern, Kindergärtnerinnen und Lehrerinnen in den Montessori-Kursen.

Den Kolleginnen Christiane Feit, Traute Lampeè-Baumgartner, Hilde Boyer, Renate Paulis, Gitta Bintinger und Susanne Schwarz-Aschner danke ich für die Aufnahme in ihre Klassen und für die Zusammenarbeit.

Mein besonderer Dank gilt den Kolleginnen Karin Hoffinger und Felizitas Balzer und meiner Frau Brigitte Eichelberger. Die Arbeit mit diesem Lehrerinnenteam ist durch die Verwendung von Erfahrungsberichten und anderen Texten der genannten Lehrerinnen in diesem Buch integriert.

Die Arbeit an der didaktischen Ordnung ist auch in der gemeinsamen Arbeit mit Frau Saskia Haspel bei der Konzeption und Durchführung der Montessori-Kurse entstanden. Ihr danke ich für die gemeinsame Arbeit und die bereichernden Diskussionen.

Nicht vergessen möchte ich die Kinder, die mir immer wieder gezeigt haben, daß sie in der Monessori-Pädagogik ihren Weg zur Selbstverwirklichung finden können. Danke!

Literatur

Dieses Literaturverzeichnis wurde als eigenständiges Kapitel verfaßt. Es umfaßt wesentlich mehr Titel, als zum Schreiben dieses Buches verwendet wurden. Die Darstellung der Literatur soll Interessierte zum Weiterlesen und -forschen anregen. Aus diesem Grund ist die folgende Übersicht auch fallweise kommentiert. Die Kommentare sind den Büchern (Klappentexten, Vorwörtern und dgl.) entnommen (in Klammern und kursiv). Verlag und Reihennummer der Bücher sind in diesem Verzeichnis, wenn dies von Interesse schien, zusätzlich angeführt.

Peter van Eeden, *MARIA MONTESSORI,* haar leven en werk in kort bestek, de nederlandse montessori verenigung, Amsterdam, mei 1962. Biographie des Holländischen Montessori-Vereines

B. Esser, & Chr. Wilde, *MONTESSORI-SCHULEN,* Zu Grundlagen und pädagogischer Praxis, Hamburg 1989, rororo Sachbuch 8556

Carl Faulmann, *DAS BUCH DER SCHRIFT,* Frankfurt 1990, Eichborn-Vlg.

Carl Faulmann, *SCHRIFTZEICHEN UND ALPHABETE ALLER ZEITEN UND VÖLKER,* Augsburg 1995, Augustus-Vlg.

Christel Fisgus, & Gertrud Kraft, *„HILF MIR, ES SELBST ZU TUN!"* Montessori-Pädagogik in der Regelschule, Donauwörth 1994, Auer-Vlg.

Dorothy Canfield Fisher, *A MONTESSORI MOTHER,* New York 1913, Henry Holt and Company

Harald Haarmann, *UNIVERSALGESCHICHTE DER SCHRIFT,* Frankfurt/Main 1990, Campus

Brigitte Fuchs/Waltraud Harth-Peter, *MONTESSORI-PÄDAGOGIK,* Würzburg 1989, Königshausen und Neumann

Jean Georges, *DIE GESCHICHTE DER SCHRIFT,* Ravensburg 1991, Ravensburger Tb.

Clara Grunwald, *DAS KIND IST DER MITTELPUNKT,* Ulm 1995, Kinders Verlag

Waltraud Harth-Peter (Hg.), *„KINDER SIND ANDERS",* Maria Montessoris Bild vom Kinde auf dem Prüfstand. Herausgegeben im Auftrag der Deutschen Montessori-Gesellschaft, Würzburg 1996, Ergon-Verlag

Helmut Heiland, *MARIA MONTESSORI,* Hamburg 1991, rororo rm419

Theodor Hellbrügge, *UNSER MONTESSORI MODELL,* Erfahrungen mit einem neuen Kindergarten und einer neuen Schule, München 1977, Kindler-Vlg.

(„Päd-iatrie und Päd-agogik sind die einzigen Berufe, die in ihrer Berufsbezeichnung das Kind (griech. Pais) haben. Daraus läßt sich wohl ableiten, daß beide Berufe nicht nur in besonderer Weise dem Wohl des Kindes verpflichtet sind, sondern auch in ihrer Einstellung zum Kind weitgehend Ähnlichkeit haben, ja, in ihrer Hilfe für das Kind aus Engste zusammenwirken." Der Autor)

Theodor Hellbrügge, *UNSER MONTESSORI-MODELL,* München 1984, Fischer-Tb. 3064

Helene Helming, *MONTESSORI-PÄDAGOGIK,* Ein moderner Bildungsweg in konkreter Darstellung, Mit 44 Abbildungen, Verlag Herder Freiburg 1958.

(Die Grundgedanken der Montessori-Pädagogik, ergänzt durch Beispiele ihrer konkreten Ausgestaltung in Montessori-Kinderhäusern und Schulen, sind Thema dieses Buches.)

Hildegard Holtstiege, *MARIA MONTESSORIS NEUE PÄDAGOGIK: PRINZIP FREIHEIT – FREIE ARBEIT*; Freiburg 1987, Herder

Hildegard Holtstiege, *MARIA UND DIE REFORMPÄDAGOGISCHE BEWEGUNG,* Freiburg 1986, Herder.

Hildegard Holtstiege, *MODELL MONTESSORI,* Freiburg 1986, Herder.

Axel Holtz, *MONTESSORI-PÄDAGOGIK UND SPRACHFÖRDERUNG,* Ulm 1994, Kinders Verlag

Fresco Grazia Honegger, *IL MATERIALE MONTESSORI; IN CATALOGHI EDITI A NEW YORK, LONDRA, BUCAREST, BERLINO, GONZAGA TRA GLI ANNI DIECI E TRENTA, 1993, Edozioni Il Quaderno Montessori in collaborazione con l'ASSOZIAZIONE CENTRO NASCITA MONTESSORI, Editione ITALIANO-INGLESE*

Georges Ifrah, *UNIVERSALGESCHICHTE DER ZAHLEN,* Frankfurt 1987, Campus

Jean-Marc-Gaspard Itard, *The Wild Boy of Aveyron,* New York 1962, Meredith Publishing Company.

> *(The present translation has been made from the reprinted edition of 1894 (Rapports et Mémoires sur le Sauvage des L'Aveyron, Paris))*

Werner Katein (Hg.), *MARIA MONTESSORI,* Die Grundlagen ihrer Pädagogik und Möglichkeiten der Übertragung in Schulen, Langenau Ulm 1992, Armin Vaas Verlag

Rita Kramer, *MARIA MONTESSORI,* A Biography, Forword by Anna Freud, Radcliffe Biography Series, A Merloyd Lawrence Book, Chikago (University of Chicago Press) 1983.

> *(„A trustworthy and compelling account of the life of this most brilliant educator." The village voice)*

Rita Kramer, Maria Montessori, Biographie, Frankfurt am Main 1983, Fischer-Tb. 5615

Rita Kramer, *MONTESSORI, MARIA,* A Biography by Rita Kramer, New York 1976, G.P. Putnam's, Sons.

> *(The long-overdue definitive biography of Maria Montessori – physician, feminist, social reformer, educator, and one of the most admired, influential, and controversial women of the twentieth century.)*

Martin Kuckenburg, *DIE ENTSTEHUNG VON SPRACHE UND SCHRIFT,* Köln 1989, dumont taschenbücher

La Femme Belge, *REVUE MENSUELLE DE QUESTIONS FÉMININES ET DE QUESTIONS SOCIALES,* Rédaktion et Administration: Boulevard Clovis, 75, Bruxelles, 1923

Betty J. Lifton, *DAS LEBEN VON JANUSZ KORCZAK,* Stuttgart 1990, Klett-Cotta

Paula Polk Lillard, *MONTESSORI, A Modern Approach,* New York 1972, Schocken Books.

> *(„John Holt says, „This book tells us what happens or can happen in a good Montessori classroom, and why. It is the best introduction I know of to the Montessori movement in education, and anyone interested in how.")*

Nancy Mc Cormick Rambusch, *Learning how to learn, An american Approach to Montessori,* A Montessori Bibliography of Materials in the English Language, 1909-1961 Compiled by Gilbert E. Donahue, Helicon Press, Baltimore 1962.

> („*Here is a book which says in effect that common sense in education has been uncommon". G.N. Shuster)*

Maria Montessori, u.a., *Die Selbsterziehung des Kindes,* Berlin 1923

Maria Montessori, *A Montessori Handbook,* Dr. Montessori's Own Handbook with additional new material on current Montessori theory und practice, edited by R.C. Orem, New York 1965, G. P. Putnam's Sons.

> *(The most important new development in American education is the rediscovery of the fifty-year-old-system known as the Montessori Method.)*

Maria Montessori, *Das Kind in der Familie und andere Vorträge,* Selbstverlag der Montessorischule, Wien X., Schölers Buchdruckerei und Verlag, Wien, XIX., Döbl. Hauptstraße 3, o.J., Exemplar Nr. 2, handsigniert.

> *(Ein Teil dieser Vorträge wurde von Dr. M. Montessori 1923 in Brüssel gehalten und im gleichen Jahre in französischer Sprache in der Zeitschrift „La Femme Belge" veröffentlicht. Die vorliegende Übersetzung wurde in der Arbeitsgemeinschaft der Wiener Montessorischule besorgt.)*

Maria Montessori, *Das kreative Kind,* Der absorbierende Geist, (hrsg. von Oswald/Schulz-Benesch), Freiburg 1972, Herder.

Maria Montessori, *Dem Leben helfen,* (hrsg. von Oswald/Schulz-Benesch), Freiburg 1992, Herder.

Maria Montessori, *Die Entdeckung des Kindes,* (hrsg. von Oswald/Schulz-Benesch), Freiburg 1950, Herder.

Maria Montessori, *Die Macht der Schwachen,* (hrsg. Oswald, P./Schulz-Benesch, G.), Freiburg 1989, Herder.

Maria Montessori, *Frieden und Erziehung.* Die Bedeutung der Erziehung für die Verwirklichung des Friedens (hrsg. und eingel. v. P. Oswald und G. Schulz-Benesch). Freiburg 1973, Herder.

Maria Montessori, *From Childhood To Adolescence, Including „Erdkinder" and The Functions of the University,* First English edition 1973, Schocken Books, New York, Copyright 1948 by Maria Montessori, Copyright 1959 by Desclée de Brouwer, Copyright 1973, 1976 by Schocken Books, Inc.

> („*We hope that this book will be followed by others illustrating various aspects of the Montessori approach to the education as a help to life." General Director, Association Montessori Internationale)*

Maria Montessori, *Il Metodo della Pedagogia Scientifica Applicato all'educazione infantiele nelle case dei bambini, Terza adizione Accresciuta es Ampliate con Molte Tavole e Figure,* Roma, Maglione & Strini, Succ. Loescher, 1918.

> *(Das erste große pädagogische Buch Maria Montessoris, das dann allenthalben in der Welt das bekannteste und in vielen Sprachen das einzig übersetzte geblieben ist, war von ihr ursprünglich nicht geplant, sondern auf direkten persönlichen Anspruch hin verfaßt worden: „Nach 20 Tagen war das Manuskript fertig ... tags darauf nahm der Baron (Franchetti) den Zug nach Città di Castello und*

übergab dort, wo er gut bekannt war, das Manuskript einer Druckerei, nicht einem Verleger, mit dem Befehl, Satz für Satz zu drucken, ohne auch nur ein Komma zu ändern. So erschien das erste Buch der Methode. Maccheroni, Anna Maria, Come conobbi Maria Montessori, Roma 1956, S.49f.)

Maria Montessori, KINDER SIND ANDERS, Stuttgart 1952, dtv / Klett-Cotta 15036

Maria Montessori, KOSMISCHE ERZIEHUNG, die Stellung des Menschen im Kosmos, Menschliche Potentialität und Erziehung, Von der Kindheit zur Jugend, Freiburg 1988, Herder.

Maria Montessori, L'AUTOEDUCAZIONE, NELLE SCUOLE ELEMENTARI, CONTINUAZIONE DEL VOLUME: IL MATODE DELLA PEDAGOGIA SCIENTIFICA APPLICATO ALL'ADUCAZIONE INFANTILE NELLE CASE DEI BAMBINI, Ermanno Loescher & C.. P. Maglione & C. Strini, Editori-Librai Di S. M. La Regina, 1916.

> *(...doch ist gerade die „Autoeducazione" ein relativ systematisches Buch Montessoris. Dies gilt in zweierlei Hinsicht: in bezug auf die Theorie und in bezug auf die Praxis. In bezug auf die Theorie ergibt sich nicht nur eine gewisse Aufarbeitung eines Theorie-Defizits, sondern eine andere Art des Ansatzes, der von nun an in Montessoris Werk zunehmend an Bedeutung gewinnt: der eigentliche Zentralpunkt des Buches und der darin entfalteten pädagogischen Theorie ist nämlich nicht ein Axiom oder irgendeine andere Vorgabe, sondern der Bericht ihrer Erfahrung und deren theoretische Ausfaltung.)*

Maria Montessori, MEIN HANDBUCH, Grundsätze und Anwendung meiner neuen Methode der Selbsterziehung der Kinder von Dr. Maria Montessori, Verlag Julius Hoffmann Stuttgart, Zweite umgearbeitete Auflage mit 28 Abbildungen, Stuttgart 1928

Maria Montessori, MEIN HANDBUCH, Grundsätze und Anwendung meiner neuen Methode der Selbsterziehung der Kinder von Dr. Maria Montessori, Verlag Julius Hoffmann Stuttgart, Mit 42 Abbildungen und einer Farbentafel, Stuttgart 1922.

> *(Anmerkung der Verfasserin: Infolge des weitverbreiteten Interesses, das man meiner Methode der Kindererziehung geschenkt hat, sind Bücher herausgegeben worden, die dem gewöhnlichen Leser als rechtmäßige Darstellungen des Montessori Systems erscheinen könnten. Ich möchte ausdrücklich feststellen, daß vorliegendes Werk, dessen deutsche Übersetzung von mir autorisiert und gutgeheißen wurde, das einzige authentische „Handbuch" für meine Methode ist und daß das einzige andere authentische Werk von mir in deutscher Sprache folgendes ist: „Selbsttätige Erziehung im frühen Kindesalter")*

Maria Montessori, PEDAGOGICAL ANTHROPOLOGY; London 1913 by William Heinemann

Maria Montessori, PSICO GEOMETRIA, EL ESTUDIO DE LA GEOMETRIA BASADO EN LA PSICOLOGIA INFANTIL, Ilustrada con 265 figuras en colores, Version Española, Barcelona Año 1934

Maria Montessori, PSYCHOARITHMETIK: die Arithmetik dargestellt unter Berücksichtigung kinderpsychologischer Erfahrungen während 25 Jahren = Psicoaritmética von Maria Montessori. Hrsg. und eingeleitet von Harald Baumann. Deutsche Erstausgabe der span. Orig.-Ausgabe von 1934. Thalwil/Zürich: Paedia media

Maria Montessori, *Schule des Kindes,* (hrsg. von Oswald/Schulz-Benesch), 1962, Herder.

Maria Montessori, *Selbsttätige Erziehung im frühen Kindesalter.* Nach den Grundsätzen der wissenschaftlichen Pädagogik methodisch dargelegt von Dr. Maria Montessori, Verlag von Julius Hoffmann, Stuttgart o.J. Auflage 9.-12.Tausend (handschriftliches Datum 25.4.1925)

Maria Montessori, *Spannungsfeld Kind – Gesellschaft – Welt,* Freiburg 1979, Herder.

Maria Montessori, *Spontaneous Activity in Education, The Advanced Montessori method,* Introduction by John J. McDermott, Translated from the Italian by Florence Simmonds, this book was first published in English 1917, Schocken Books Inc., 1965

Maria Montessori, *The Absorbent Mind,* M.D., D.Litt., F.E.I.S., The Theosophical Publishing House, Adyar – Madras – India, 1949.

> *(The present volume is based upon the lecures given by Dr. Maria Montessori at Ahmedabad, during the first Training Course after her internment in India which lasted up to the end of World war II.)*

Maria Montessori, *The advanced Montessori Method, Scientific Pedagogy as Applied to the Education of Children from Seven to Eleven Years, I – Spontaneous Activity in Education,* Translated from the Italian by Florence Simmonds an Lily Hutchinson, Verlag William Heinemann, London 1919, First puplished, January 1918

Maria Montessori, *The advanced Montessori Method, Scientific Pedagogy as Applied to the Education of Children from Seven to Eleven Years, II – The Montessori Elementary Material, Translated from the Italian by Arthur Livingston, with illustrations from photographs and with numerous diagrams, Verlag William Heinemann, London 1928, First Published May 1918*

Maria Montessori, *The Discovery of the child, Revised and Enlarged Edition of „The Montessori Method",* Translated by Mara A. Johnstone, Kalakshetra Publications, Adayr, Madras, India, First Published in 1948

Maria Montessori, *The Secret of Childchood,* M.D. (Rome), D.Litt. (Durham) Translated und Edited by Barbara Barclay Carter, Orient Longmans, Mombay, Calcutta, Madras, New Delhi, First Published 1936

Maria Montessori, *Über die Bildung des Menschen,* Herausgegeben und eingeleitet von Paul Oswald und Günter Schulz-Benesch, Freiburg im Breisgau 1966, Herder.

> *(...gleichsam eine Altersschrift Maria Montessoris, die als Vermächtnis der Grundgedanken ihres pädagogischen Lebenswerkes gelten kann. Anm. des Verf.)*

Maria Montessori, *Von der Kindheit zur Jugend* (Hg. Paul Oswald), Freiburg 1973, Herder.

Maria Montessori, *Von der Kindheit zur Jugend, Entwicklungspsychologie des Schulalters,* Herausgegeben und eingeleitet von Paul Oswald, Freiburg im Breisgau 1966 Herder.

> *(Das Werk enthält, erstmals in deutscher Sprache vollständig, den Erziehungsplan Montessoris für die Entwicklungsphasen in der Volks- und höheren Schule mit Ausblicken auf die Pädagogischen Aspekt des Hochschulstudenten. Der Plan*

umfaßt gemäß den Wachstumsperioden dieser Lebensabschnitte drei Erziehungspläne: „Das Kind" (7.-12. Lebensjahr), „Der Jugendliche" (12.-18. Lebensjahr), und der „Universitätsstudent".)

Mario Montessori, ERZIEHUNG ZUM MENSCHEN, MONTESSORI-PÄDAGOGIK HEUTE, Vlg. Kindler, 1977;

(Die Originalausgabe ist im Verlag Schocken Books Inc., New York, erschienen unter dem Titel „Education for Human Development – Understanding Montessori". (Übersetzung Hans-Horst Menschen.) Copyright Schocken Books Inc., New York. In diesem Buch: „Alle Kinder sind geborene Genies. 9999 von jeweils 10000 werden von Erwachsenen unversehens und unabsichtlich um diese ihre ureigene Genialität gebracht. Buckminster Fuller – Eine Würdigung Maria Montessoris)

Mario Montessori, Jr., EDUCATION FOR HUMAN DEVELOPMENT – UNDERSTANDING MONTESSORI, Edited by Paula Polk Lillard, Schocken Books Inc., New York 1976.

(This work deals with the ideas of Maria Montessori from philosophical, psychological, and educational points of view.)

Mario Montessori, ERZIEHUNG ZUM MENSCHEN, München 1987, Fischer-Tb. 3069

Montessori-Material, Teil 1-3, Handbuch für Lehrgangsteilnehmer, Zelhem 1989

National Association for the Education of Young children, MONTESSORI IN PERSPECTIVE, Edited by the Publications Commitee of the National Association for the Education of Young children, 1966. Including: **Emma Nuschi Plank,** REFLECTIONS ON THE REVIVAL OF THE MONTESSORI METHOD

R.C. Orem, MONTESSORI FOR THE DISATVANTAGED, AN APPLICATION OF MONTESSORI EDCATIONAL PRINCIPLES TO THE WAR ON POVERTY, New York 1967, G.P. Putnam's Sons.

(In this important new book, exponents of the Montessori Method offer a major contribution to one of the country's most widely publicized educational projects – Operations Head Start.)

R.C. Orem, MONTESSORI HEUTE, DIE AKTUALITÄT EINER GROSSEN ERZIEHUNGSKONZEPTION, GEDANKEN UND REPORTS ZUR MONTESSORI-RENAISSANCE IN DEN USA, Eingeleitet und herausgegeben von P. Oswald und G. Schulz-Benesch, Otto Mayer Verlag, Ravensburg 1975.

(Die amerikanische Originalausgabe erschien unter dem Titel „Montessori Today" bei Capricorn Books, New York 1971)

Paul Oswald, & Günter Schulz-Benesch, GRUNDGEDANKEN DER MONTESSORI-PÄDAGOGIK, Freiburg 1967, Herder.

Paul Oswald, & Günter Schulz-Benesch, (Hg.), MONTESSORI FÜR ELTERN, Eine Auswahl aus dem Werk Maria Montessoris, Ravensburger Elternbücher, Otto Maier Verlag Ravensburg 1974.

(Diese Ausgabe ist aus folgenden Werken zusammengestellt: „Über die Bildung des Menschen", „Die Entdeckung des Kindes", „Das kreative Kind", „Von der Kindheit zur Jugend", „Das kreative Kind", „Kinder sind anders")

Paul Oswald, DAS KIND IM WERKE MARIA MONTESSORIS, Pädagogik der Gegenwart, (hrsg. von Feldmann, Erich), Verlag I. Setzkorn-Scheifhacken, Mülheim (Ruhr) 1959

Paul Oswald, *DIE ANTHROPOLOGIE MARIA MONTESSORIS,* aus der Reihe Interpretationen zur Anthropologie, (herausgegeben von Josef Speck), Münster 1970, F. Coppenrath Verlag.

Lili E. Peller, *ON DEVELOPMENT & EDUCATION OF YOUNG CHILDREN,* Selected Papers, edited by Emma N. Plank, New York 1978.

> *(This was to be the „Century of the Child", and indeed it opened with a rich growth of reform movements in education. One of the brightest promises was that of Maria Montessori. It was at the same time that Freund created his work.)*

C.M. Oy von, *MONTESSORI MATERIAL,* Edition Schindele, Freiburg 1987

Lili E. Peller-Roubiczek, *PÄDAGOGISCHE BEMERKUNGEN,* in: Schuster, Franz, Ein „Haus der Kinder", Sonderdruck aus dem Januarheft 1935 der „Modernen Bauformen", Julius Hoffmann Verlag Stuttgart.

> *(Das von der Leiterin, Frau L. E. Peller-Roubiczek, aufgestellte Bauprogramm beruht im wesentlichen auf den erzieherischen Grundsätzen der Italienerin Dr. Maria Montessori.)*

Jean Piaget, *DAS RECHT AUF ERZIEHUNG UND DIE ZUKUNFT UNSERES BILDUNGSSYSTEMS,* München 1975, dtv

Lili E. Roubiczek, T. Hammerschlag, Franz Schuster, Christine Baer-Frissell, Nuschi Spira, *AUS DEM ARBEITSKREIS DER WIENER MONTESSORI-SCHULE,* 1. Folge, Wien im Mai 1929, Selbstverlag der Montessori-Schule Wien X.

G. Rüdiger, *DIE MONTESSORI-PÄDAGOGIK* – Grundlagen, Realisierung und wissenschaftliche Diskussion heute, zum Teil veröffentlichte Arbeit der Universität Regensburg, Regensburg 1985

Paul Scheid, *DAS FRANKFURTER MODELL,* in: Scheid, P., & Weidlich, H., Beiträge zur Montessori-Pädagogik 1977, Stuttgart 1977, Klett-Cotta

Paul Scheid, *MONTESSORI-PÄDAGOGIK AUCH IN DER HÖHEREN SCHULE?,* Mit Lehrbeispielen aus der Unter- und Mittelstufe im Gymnasium; verlegt durch den Elternbeirat der Anna-Schmidt-Schule in Frankfurt am Main, Wittemann & Küppers KG., o.J.

Paul Scheid/Herbert Weidlich, *BEITRÄGE ZUR MONTESSORI-PÄDAGOGIK 1977,* Konzepte der Humanwissenschaft, Stuttgart 1977, Klett-Cotta

Theo, F.C. Schröder, *DIE GESCHWISTER AGAZZI UND MARIA MONTESSORI,* eine vergleichende Analyse der Erziehungskonzeption, Frankfurt am Main 1987, Haag + Heerchen Vlg.

Günter Schulz-Benesch, *MONTESSORI,* Wissenschaftliche Buchgesellschaft, Darmstadt 1980

Günter Schulz-Benesch, *ÜBER REDEN UND SCHRIFTEN MONTESSORIS,* in: Scheid, P. & Weidlich, H., Beiträge zur Montessori-Pädagogik 1977, Donauwörth 1977.

Günter Schulz-Benesch, *DER STREIT UM MONTESSORI, KRITISCHE NACHFORSCHUNGEN ZUM WERK EINER KATHOLISCHEN PÄDAGOGIN VON WELTRUF MIT EINER INTERNATIONALEN MONTESSORI-BIBLIOGRAPHIE,* 2. Auflage, Freiburg im Breisgau 1962, Herder.

> *(Die Montessori-Pädagogik hat von ihrem Ursprung an bis zur Gegenwart stets außerordentlich gegensätzliche Stellungnahmen erfahren. ...)*

Günter Schulz-Benesch, MONTESSORI, Wege der Forschung Band CC, Wissenschaftliche Buchgesellschaft Darmstadt 1970

Franz Schuster, (Architekt, Prof., Frankfurt am Main), EIN „HAUS DER KINDER", Sonderdruck aus dem Januarheft 1935 der „Modernen Bauformen", Julius Hoffmann Verlag Stuttgart.

> (Die Grundlage jeder baulichen Gestaltung ist das Leben; das Bauwerk aber ist der umfassende Rahmen für den möglichst sinnvollen Ablauf des Geschehens, dem es zu dienen hat.)

Franz Schuster und Lili E. Roubiczek, EIN HAUS DER KINDER, mit ... Abbildungen, Julius Hoffman Verlag Stuttgart.

> (Handschriftliches Typoscript (in dieser Form unveröffentlicht). Teilweise in „On Development..." enthalten)

Marielle Seitz/Ursula Hallwachs, MONTESSORI ODER WALDORF, Ein Orientierungsbuch für Eltern und Pädagogen, München 1996, Kösel-Verlag

E.M. Standing, MARIA MONTESSORI, HER LIFE AN WORK, Academy Library Guild, Fresno, California, 1957, Hollis & Carter Limited

> (Dear Benedetto Standing, What you have written on my life is a wonder - and beautiful as a piece of writing! ...Thank you again und again for your letters and for that blessed loyalty – which makes your friendship so precious. Courage...! Courage for the harvest – Yours always most affectionately MAMMOLINA. Irodauction M. Montessori)

E.M. Standing, MARIA MONTESSORI, LEBEN UND WERK, herausgegeben von Dr. Paul Scheid, Übersetzt von A.M. Textor unter Mitarbeit von Dipl.-Psych. Dr. Kurt Aurin und Prof. Helene Helmig, Ernst Klett Verlag, Stuttgart o.J.

> („The most interesting woman in Europe", nannte die TIMES Maria Montessori ...)

Ulrich Steenberg, KINDER KENNEN IHREN WEG, Ulm 1993, Kinders Verlag

The Call of Education, o.J. M. Montessori, Bernhard Alexander, C.W. Tromp, J.C. Remmers, Julie Taussek, Emma Plank, Nadia Labriola, Chr. Neguenzoff, G. Révész

The Call of Education, o.J. M. Montessori, J.C.L. Godefroy, Géza Révész, C.A. Claremont B.Sc., A. Maccheroni, Nevile Wilkinson

Martin Wagenschein, VERSTEHEN LEHREN, Weinheim 1989, Beltz,

Rebeca Wild, ERZIEHUNG ZU SEIN, Freiamt 1986, Arbor-Vlg

XI Congresso Internationale Montessori Roma, 26-27-28 Settembre 1957, *Maria Montessori E il Pensiero Pedagogico Contemporaneo*, Atti a cura di Marziola Pignitari, Ed. „Vita dell'Infanzia"

Zeitschriften

Lili, E Roubiczek, *Bemerkungen zur Kritik an der Montessori-Pädagogik,* Die Quelle 1931, S.127ff.

Lili, E Roubiczek, *Sensitive Perioden,* Die Quelle, 1931, S. 255ff.

Nuschi Spira, *Aus der Praxis,* Die Quelle, 1931, S.704

Nuschi Spira, *Beobachtungen über geistige Arbeit bei Fünfjährigen,* Die Quelle 1931, S.947ff.

Nuschi Spira, *Bericht über den ersten internationalen Montessori-Kongress,* Die Quelle 1931, S.255f.

Nuschi Spira, *Einführung ins Rechnen im Montessori-Kinderhaus,* Die Quelle 1932, S.138ff.

Nuschi Spira, *Versuch einer Verbindung von Kindergarten und Elementarschule,* Die Quelle 1929, S1202ff.

Anton Tesarek, *Ülber das Erbe Fröbels,* Die Quelle 1929, S.1204ff.

Abbildungsverzeichnis

Reformpädagogik im **STUDIEN**Verlag

„Denn wer kann sich dann darüber wundern, daß Menschen, die zwei Jahrzehnte hindurch fast nur gestellte, umgrenzte, von außen gegebene Aufgaben, autoritativ gegeben, haben hinnehmen und machen müssen, um versetzt zu werden, Examen zu machen, „aufzusteigen", das Vermögen verlieren, von sich aus anzugreifen, selber anzupacken, sich für ihr Leben verantwortlich zu fühlen?"
Peter Petersen (Begründer der Jenaplan Pädagogik)

Lebendige Reformpädagogik
herausgegeben von Harald Eichelberger
öS 288,–/DM 39,80/sfr 37,–
ISBN 3-7065-1223-8

Namhafte Experten Europas stellen die fünf großen reformpädagogischen Richtungen dar: Montessori-Pädagogik, Jenaplan-Pädagogik, Daltonplan-Pädagogik, Freinet-Pädagogik und Waldorf-Pädagogik.

Helen Parkhurst
Der Daltonplan
Übersetzung der englischen Originalausgabe
herausgegeben von C.J. Janssen, Harald Eichelberger
ca. 200 Seiten
ISBN 3-7065-1318-8

Susanne Popp
Der Daltonplan in Theorie und Praxis
Ein aktuelles reformpädagogisches Modell zur Förderung selbständigen Lernens in der Sekundarstufe
ca. 320 Seiten
ISBN 3-7065-1317-X

Harald Eichelberger
Der Daltonplan – a way of life, a way of lifelong learning
ISBN 3-7065-1323-4

Harald Eichelberger
Der Jenaplan heute
ca. 150 Seiten
ISBN 3-7065-1310-2

MONTESSORI-ZENTRUM

1140 Wien, Hüttelbergstr. 5
Tel.: 911-69-69, Fax: 911-69-66

Das Montessori-Zentrum vereint das 1. österreichische **Montessori-Ausbildungs-Institut** mit einem **Montessori-Kinderhaus** und der einzigen Wiener **Montessori-Schule**.

Unser **Aus- und Fortbildungsangebot** umfasst:

- berufsbegleitende **Montessori-Diplomlehrgänge**
  für LehrerInnen (Volks-, Haupt-, Sonderschule und Gymnasium),
  und KindergärtnerInnen
- **Einführungsseminare** und **Vorträge**
  zu den Grundgedanken der Montessori-Pädagogik
- **Fortbildung** und **Arbeitskreise** für ausgebildete Montessori-PädagogInnen
- Seminare und Vorträge für interessierte Eltern im Rahmen einer eigenen **Eltern-akademie**

Als Sitz der **Österreichischen Gesellschaft für Montessori-Pädagogik** bieten wir Informationen über Montessori-Kinderhäuser und -Schulen. Unsere vierteljährlich erscheinende Zeitschrift **Montessori aktuell** enthält Beiträge zu Theorie und Praxis der Montessori-Pädagogik sowie Informationen zu Montessori-Veranstaltungen, freie Plätze in Montessori-Einrichtungen sowie den aktuellen Montessori-Stellenmarkt.

In unserer **Buch- und Lehrmittelhandlung** erhalten Sie die gesamte deutschsprachige Montessori-Literatur sowie Arbeitsmaterialien für die Freiarbeit, die wir auch österreichweit versenden.

Wir schicken Ihnen gerne ausführliche Informationen zu.

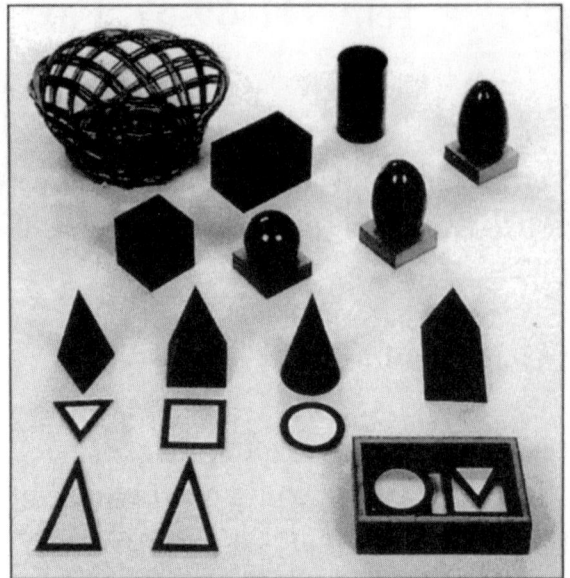